— 世界高端文化珍藏图鉴大系 —

珍稀木材

RED SANDALWOOD
紫檀·黄花梨
CHRYSANTHEMUM PEAR

收藏与鉴赏

晨钟 / 编著

图书在版编目（CIP）数据

珍稀木材：紫檀·黄花梨收藏与鉴赏 / 晨钟编著
. —— 北京：新世界出版社，2013.9
ISBN 978-7-5104-4582-8

Ⅰ.①珍… Ⅱ.①晨… Ⅲ.①檀香科－收藏②檀香科－鉴赏③降香黄檀－收藏④降香黄檀－鉴赏 Ⅳ.①G894

中国版本图书馆 CIP 数据核字 (2013) 第 211853 号

珍稀木材：紫檀·黄花梨收藏与鉴赏

作　　者：晨　钟
责任编辑：刘丽刚
责任印制：李一鸣　王丙杰
出版发行：新世界出版社
社　　址：北京西城区百万庄大街 24 号（100037）
发 行 部：（010）6899 5968 　（010）6899 8733（传真）
总 编 室：（010）6899 5424 　（010）6832 6679（传真）
http : //www.nwp.cn
http : //www.newworld-press.com
版 权 部：+8610 6899 6306
版权部电子信箱：frank@nwp.com.cn
印　　刷：山东淄博汇文商务印刷有限公司
经　　销：新华书店
开　　本：710×1000　1/16
字　　数：187 千字
印　　张：16
版　　次：2013 年 12 月第 1 版　2013 年 12 月第 1 次印刷
书　　号：ISBN 978-7-5104-4582-8
定　　价：78.00 元

版权所有，侵权必究

凡购本社图书，如有缺页、倒页、脱页等印装错误，可随时退换。
客服电话：（010）6899 8638

紫檀·黄花梨收藏与鉴赏

自古以来，紫檀就已融入人们的生活，到了明代由于被皇室重视而兴起。紫檀因稀有及独特的材质而有寸檀寸金之说，深紫的色泽，不静不喧，让人平和，深受收藏古旧木器之人的喜爱。相对紫檀而言，黄花梨的名贵程度更高，其独有的迷人香气，叫人心旷神怡，神清气爽，是明清硬木家具的首选用材。明清时期，民间和官宦人家都以黄花梨为稀，因此，今天所见的黄花梨制品屈指可数。

紫檀和黄花梨质地紧密坚硬、色彩绚丽多变、香气芬芳永恒，且百毒不侵，又能辟邪治病，所以人们常常把它作为吉祥物，以保平安吉祥。用紫檀和黄花梨制作出来的家具、工艺品，纹理清晰，花纹优美，根本不用上漆，只需要稍微打蜡便能呈现出意想不到的效果。紫檀和黄花梨是木器当中的巅峰，二者就像瓷器里的官

窑一样,是收藏者最关心的两个品种。紫檀和黄花梨之美,在于含蓄不张扬,这非常符合中国人的审美标准,也是无数中国人追求的理想境界。

随着人们审美水平的上升和收藏意识的提高,紫檀、黄花梨制品的收藏不再是少数人的专利,作为实用品或装饰品,也逐渐走进了寻常百姓家。因此,紫檀和黄花梨的收藏行情水涨船高。

然而,遗憾的是,现在图书市场上关于紫檀和黄花梨收藏鉴赏类的好书少之又少。因此,本书力求填补空缺,为大家献上一本集知识性、阅读性、实用性、专业性为一体的紫檀、黄花梨鉴赏图书。

本书从紫檀和黄花梨的历史、形态、分布、实用、类别,以及鉴赏、估价等方面入手,采用图文并茂的方式来叙述相关内容,让读者在获得知识的同时还能够获得最好的阅读享受。

上篇
——紫檀，木中坚者

紫檀史 /002
紫檀简史 /002

引经据典 /008

紫檀精品欣赏 /012

紫檀的生态特征与分布 /028
生态特征 /028

产地分布 /029

紫檀精品欣赏 /030

紫檀的木材特征与实用 /049
木材特征 /049

实用价值 /050

紫檀精品欣赏 /057

紫檀篇

紫檀的常见分类 /074

檀香紫檀 /074

越柬紫檀 /076

安达曼紫檀 /080

刺猬紫檀 /082

印度紫檀 /083

大果紫檀 /086

囊状紫檀 /088

鸟足紫檀 /089

紫檀精品欣赏 /091

紫檀的鉴赏与估价 /107

容易和紫檀混淆的檀木 /107

紫檀的真伪辨别 /132

紫檀估价 /137

紫檀精品欣赏 /139

黄花梨篇

下篇
——黄花梨,木中金者

黄花梨史 /150
黄花梨名称的历史演变 /150

引经据典 /154

黄花梨精品欣赏　158

黄花梨的生态特征与分布 /167
生态特征 /167

产地分布 /169

黄花梨精品欣赏 /171

黄花梨的木材特征与实用 /184
木材特征 /184

实用价值 /185

黄花梨精品欣赏 /192

黄花梨的常见分类 /202
海南黄花梨 /202

越南黄花梨 /205

黄花梨精品欣赏 /208

黄花梨的鉴赏与估价 /219
黄花梨的真伪辨别 /219

鉴别海南黄花梨的误区 /223

海南黄花梨与越南黄花梨的区别 /225

海南黄花梨与其他相似木材的鉴别 /227

海南黄花梨的保值性 /229

海南黄花梨的市场价值 /231

黄花梨精品欣赏 /234

上篇——紫檀,木中坚者

自古以来,中国就有崇尚紫檀之风。紫檀木是天地间的精灵,数百年方能成材,产量极低。唐朝时,孟浩然就在《凉州词》当中写道:"浑成紫檀今屑文,作得琵琶声入云。"

紫檀史

紫檀简史

从古至今,紫檀在中国都被看做是最名贵的木材。鉴于紫檀的材质的木性,人们多用它作为车舆、乐器、高级家具及其他精巧器物的原材料。关于紫檀的历史,在东汉的时候就有记载。紫檀受到世人宠爱,开始于明代。当时,皇家贵族等人喜爱紫檀,经常用它来做家具或雕刻一些摆件。明代紫檀家具,做工似粗,但雕琢有神,神志轩昂。

紫檀笔筒

在中国人的思维体系当中,紫色历来都被认为是最吉祥的颜色。比如"紫气东来"一词,便是出自典故:道家始祖老子出关之时,关令尹喜见有紫气从东而来,知有圣人驾临,便向老子求道,老子见世道险恶,留下了千古名篇《道德经》后匆匆而去;还有,故宫原来的名字叫"紫禁城",由此可见"紫"在中国人心中的地位有多重要。

雕花紫檀箱子

紫檀嵌黄寿山香盒

上篇——木中坚者 紫檀

拓展延伸

紫禁城位于北京市中心，现称为故宫，意为过去的皇宫。它是明、清两代的皇宫，也是当今世界上现存规模最大、建筑最雄伟、保存最完整的古代宫殿和古建筑群。其中太和殿最为高大、辉煌，皇帝登基、大婚、册封、命将、出征等都在此举行盛大仪式。内廷中最著名的是养心殿。明朝所建紫禁城有三座，一在北京，一在南京，一在凤阳。

在晋代太傅崔豹所著的《古今注》当中，曾这样记载："紫檀木，出扶南，色紫，亦谓之紫檀。"紫檀色呈深紫，历来就受到帝王将相、文人雅士等上流社会人士的喜爱，因此价格昂贵，居各木之首，可谓"王者之木"。

唐朝时期，中国的木器逐渐走向成熟，已开始用紫檀制作小部分物件。在日本的奈良正化院，就保存着中国唐代时期留下来的数件珍贵紫檀器物。明太

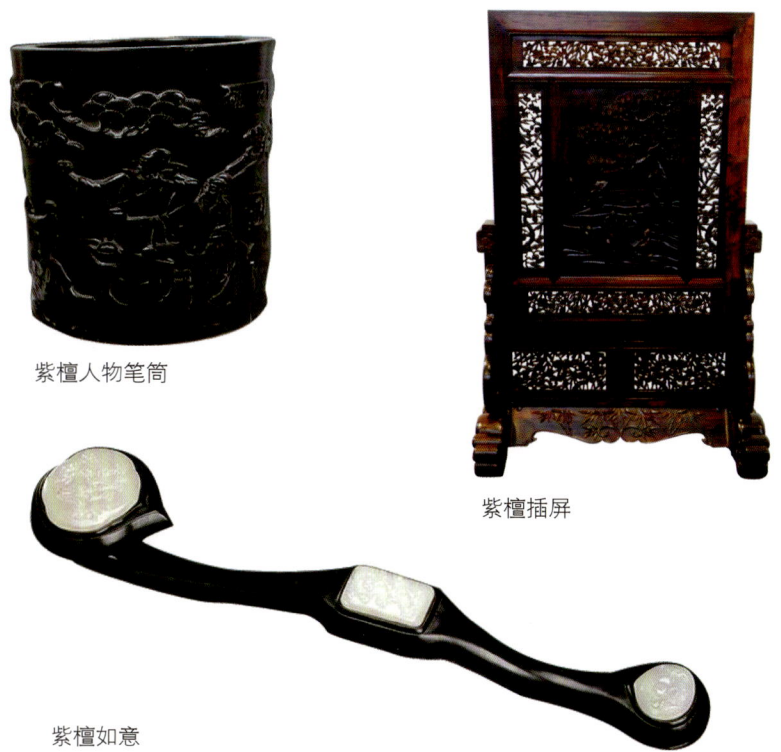

紫檀人物笔筒

紫檀插屏

紫檀如意

祖朱元璋得天下之后，便开始兴修水利，鼓励开垦，大大促进了农业生产。当时的手工业在农业的推动之下，也呈现出蓬勃发展的气势。这一时期，紫檀更为皇家所重视。也就是在这一时期，朝廷开始大规模采伐紫檀，以致紫檀的数量越来越少。

紫檀嵌象牙蓬莱仙境砚屏

永乐初年，明成祖朱棣派郑和满载绫罗绸缎七下西洋，空船而归。空船在海上航行遇风浪摇摆过大，为防翻船，船舱内需要重物压舱。产于东南亚的紫檀恰好又是当时中国所缺的，还能充当压舱物，不少紫檀就这样被运回中国。此后，明代皇帝派官吏赴南洋采办紫檀成为定例。

这一时期的采办很多，中国便储存了许多紫檀料。因为紫檀生长极其缓慢，没有一两百年成不了木材，而南洋的紫檀基本在明朝的时候就被采伐殆尽。因此，到明末清初的时候，世界上所剩的紫檀大多存于中国。

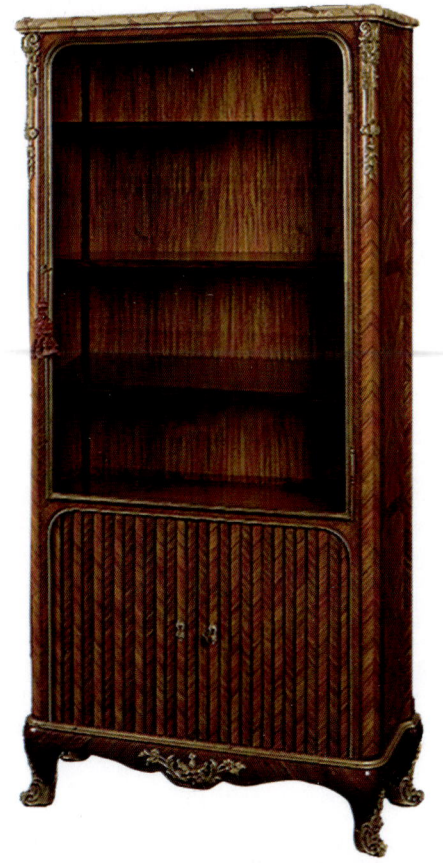

19世纪法国西阿拉黄檀推拉门展示柜

清朝刚刚建立的时候，清政府还使用明朝的库存紫檀做家具或其他制品；到了清朝中叶，明朝遗留下来的紫檀库存基本用完，货源一时中断，致使以后制作家具就只能用红木或者以前家具的老料来代替了。

紫檀山水纹宫碗

清代紫檀嵌珐琅屏

在国外，人们更是把紫檀当做珍宝一样对待。18世纪叱咤风云的拿破仑就有一只15厘米长的紫檀棺椁模型，前来参观的人无不惊慕。后来，随着中西

紫檀雕花笔筒

方交流的频繁，很多外国人来到北京。看到北京的各种紫檀大型器物之后，他们才知道紫檀的精品大多汇集北京。于是，很多外国人开始收买紫檀家具，然后运送回国。现在，欧美市场上约百分之九十的紫檀器物均来自北京。

明朝中期，由于紫檀原料紧缺，朝廷除了从各地征收之外，还不时从商人手中高价收购紫檀。清宫造办处活计档中差不多每年都有收购紫檀的记载。在这一时期，形成了一个不成文的规定，朝中官员，不论级别长幼，只要见到紫檀，绝不放过，一定要如数买下，然后上交到皇家或者各个地方组织机构当中。

清朝末年，各地方私商囤积的木料基本被朝廷收买殆尽。在这些收购来的木材当中，很大一部分被用到了装饰圆明园和宫内太上皇宫殿当中；同治、光绪大婚和慈禧六十大寿之后，又用了很多；到袁世凯称帝的时候，清政府保留下来的紫檀基本用光。

紫檀兽耳炉

紫檀水龙纹宝座

拓展延伸

慈禧太后（1835年11月29日–1908年11月15日），即孝钦显皇后，叶赫那拉氏，名杏贞，出身于满洲镶蓝旗（后抬入镶黄旗）的一个官宦世家，咸丰帝的妃子，同治帝的生母。以皇太后身份垂帘听政或临朝称制，为自1861年至1908年间大清王朝的实际统治者之一，清朝的"无冕女皇"。生前，外人以"慈禧太后""圣母皇太后""那拉太后""西太后"等称之。自光绪年间，宫中及朝廷开始以"老佛爷"尊称之，死后谥号为"孝钦慈禧端佑康颐昭豫庄诚寿恭钦献崇熙配天兴圣显皇后"，长度为大清皇后之最，亦超过大清开国皇后及孝德、孝贞二位正宫。

根据《中国树木分类学》介绍："紫檀属豆科植物，约有15种，产于我国的有两种，一为紫檀，一为蔷薇木。"按照现代植物学界的共识，蔷薇木实际是印度所产大果紫檀，它与传统意义上的紫檀有很大差别，因此现代的人们并不会把它当做真正的紫檀。在现在已知的15种紫檀属木材当中，除了印度南部

迈索尔邦所产的檀香紫檀（俗称牛毛纹紫檀）外，其余全部被称为草花梨。蔷薇木只是草花梨当中的一个品种。不论哪一种草花梨，其色彩、纹理、硬度都无法与中国传统认识当中的紫檀相比。

引经据典

《博物要览》和《诸番志》当中，把紫檀归为檀香一类，认为紫檀是檀香的一种。《博物要览》当中记载："檀香有数种，有黄白紫色之奇，今人盛用之。江淮河朔所生是其类，但不香耳。"又说："檀香出广东、云南及占城、真腊、爪哇、渤泥、暹罗、三佛齐、回回诸国。今岭南等处亦皆有之。树叶皆似荔枝，皮青色而滑泽。""檀香皮质而色黄者为黄檀，皮洁而色白者为白檀，皮府而紫者为紫檀。并坚重清香，而白檀尤良。"

紫檀兽面三足几

上篇——紫檀,木中坚者

紫檀四方盒

《诸蕃志》当中则这样写道:"其树如中国之荔枝,其叶亦然,紫者谓之紫檀。"按照书中所说,紫檀并非明清时期家具所用的紫檀,而是指香料当中的檀香。在一些北京人的口语当中,甚至还有新、老紫檀的区别。他们认为,老紫檀的颜色偏紫,新紫檀的颜色偏红。然而,他们口中所指的新紫檀基本上都是黑酸枝;老紫檀,则是指传统意义上的牛毛纹紫檀。

紫檀松鹤如意锦地纹盒

紫檀素笔筒

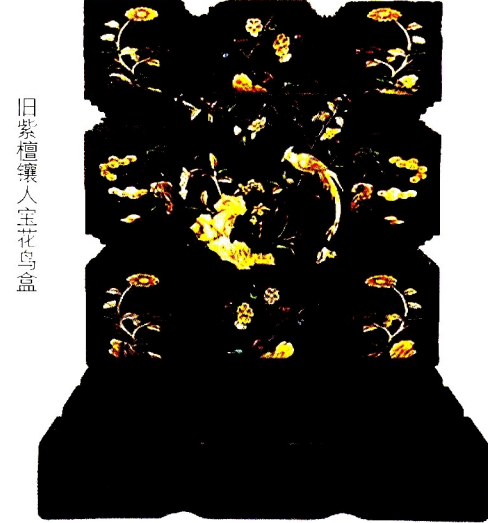

旧紫檀镶人宝花鸟盒

旧紫檀镶白玉松下高仕及诗词扇连插座

上篇——紫檀,木中坚者

《格古要论》当中这样记载:"紫檀新者色红,旧者色紫,有蟹爪纹,新者以水浸之,可染物。"紫檀色调呈紫黑色,微有芳香,深沉古雅,芯材呈血赭色,有光泽美丽的回纹和条纹,年轮纹路成绞丝状,棕眼极密,无痕疤。用酒泡则紫色出,并可染到碗上。其树脂或木材削片和锉末入药,可治疮毒。紫檀主要用于制造高级家具及其他精巧器物。

旧紫檀镶牙微雕金刚经佛像插屏

拓展延伸

《格古要论》是中国现存最早的文物鉴定专著。明曹昭撰。曹昭字明仲,江苏松江(今属上海)人,生卒年不详。书成于洪武二十一年(1388年)。全书共三卷十三论。上卷为古铜器、古画、古墨迹、古碑法帖四论;中卷为古琴、古砚、珍奇(包括玉器、玛瑙、珍珠、犀角、象牙等)、金铁四论;下卷为古窑器、古漆器、锦绮、异木、异石五论。此书后来又由王佐增补为十三卷,题为《新增格古要论》,书成于天顺三年(1459年)。王佐字功载,号竹斋,江西吉永人。主要增补为墨迹、古碑法帖部分,此外新增金石遗文、古人善书画者、文房论、诰敕题跋及杂考等,对原著次序也作了调整,但其识见远不及原著。

紫檀精品欣赏

紫檀五子登科

基本信息

制作年代：清朝
制作材质：紫檀
规格尺寸：高35厘米
风格特点：经典

特征说明

此紫檀所雕弥勒，面容喜乐，神情兼备。周有孩童相戏，活泼嬉闹，以寓五子登科。题材传统，寓意美好，形象生动，工艺精湛。

星语鉴赏

整体构造：★★★★★★★
工艺制作：★★★★★★★★
收藏指数：★★★★★★★★
投资指数：★★★★★★★

上篇——紫檀 木中坚者

紫檀开光百宝嵌笔筒

基本信息

制作年代：清朝
制作材质：紫檀
规格尺寸：高 21 厘米；
口径 23.2 厘米；底径 22 厘米
风格特点：古雅

特征说明

紫檀，因其木质坚硬，香气芬芳永恒，色彩绚丽多变且百毒不侵，万古不朽，又能辟邪，故又称圣檀。开光百宝嵌笔筒，人物造型生动。

星语鉴赏

整体构造：★★★★★★★
工艺制作：★★★★★★★
收藏指数：★★★★★★★
投资指数：★★★★★★★

紫檀雕八仙人物卷筒

基本信息

制作年代：近代
制作材质：紫檀
规格尺寸：高52.5厘米；口径33厘米
风格特点：经典

特征说明

此卷筒硕大厚重，材质优良，纹理美观，气味芳香，高浮雕仙人众多，内容丰富，十分难得。

星语鉴赏

整体构造：★★★★★★★
工艺制作：★★★★★★★
收藏指数：★★★★★★★★
投资指数：★★★★★★★

上篇——木中坚者：紫檀

大叶紫檀束腰鼓腿彭牙琴桌

基本信息

制作年代：不详
制作材质：大叶紫檀
规格尺寸：126厘米×46厘米×72厘米
风格特点：高雅

特征说明

此琴桌冰盘沿下有束腰、牙板彭出作洼堂式，堂肚起伏秀美，腿形如鼓腔，落地成马蹄足。弧度之形，为大料挖缺。腿足与牙板的内侧起阳线交圈，使整体的气韵上下贯通。

星语鉴赏

整体构造：★★★★★★
工艺制作：★★★★★★★
收藏指数：★★★★★★★
投资指数：★★★★★★★★

紫檀布尔拼镶风格立橱

基本信息

制作年代：1850年-1875年
制作材质：紫檀
规格尺寸：130厘米×45厘米×118厘米
风格特点：古典

特征说明

橡木并紫檀贴面；布尔风格象牙镶嵌铜皮双面柜门；铜鎏金边线；白色大理石面；用料珍贵，做工精致，象牙贴面品相完好，为同时期精品。

星语鉴赏

整体构造：★★★★★★★★
工艺制作：★★★★★★★★
收藏指数：★★★★★★★★
投资指数：★★★★★★★★

上篇——紫檀,木中坚者

紫檀雕龙纹顶箱大柜（一对）

基本信息

制作年代：清朝
制作材质：紫檀
规格尺寸：高 236 厘米
风格特点：经典

特征说明

　　紫檀雕龙纹顶箱大柜由紫檀精制而成，柜门和顶箱柜门板均满雕云龙纹，气势宏伟，雕琢流畅。上下门心板对称雕云龙纹。柜门下有闷仓，俗称"柜肚"。边框安铜合页及面页，上雕龙纹，精巧美观。柜体之大，用料之硕，雕工之精，不可多得。

星语鉴赏

整体构造：★★★★★★★
工艺制作：★★★★★★★
收藏指数：★★★★★★★
投资指数：★★★★★★

紫檀黄杨佛手炕桌

基本信息

制作年代：不详
制作材质：紫檀
规格尺寸：88厘米×33厘米×56厘米
风格特点：古典

特征说明

紫檀黄杨佛手炕桌用料上乘，四角攒边框，冰盘沿下束腰起棱，直腿内翻回纹方足，腿间横枨勾线打洼，加黄杨透雕佛手卡子花。此桌制作精美，搭配和谐，寓意吉祥，受人喜爱。

星语鉴赏

整体构造：★★★★★★★
工艺制作：★★★★★★★
收藏指数：★★★★★★★
投资指数：★★★★★★★

上篇——木中坚者：紫檀

紫檀镶嵌象牙雕八仙鼻烟壶

基本信息

制作年代：清朝
制作材质：紫檀
规格尺寸：高 6.5 厘米
风格特点：古雅

特征说明

紫檀镶嵌象牙雕八仙鼻烟壶由紫檀制成，四面开光，镶嵌象牙板，上雕绘八仙人物；并配由象牙雕成的壶盖。工艺精湛，品相完好。

星语鉴赏

整体构造：★★★★★★★
工艺制作：★★★★★★★
收藏指数：★★★★★★
投资指数：★★★★★★★

紫檀楼台人物盖盒

基本信息

制作年代：清朝
制作材质：紫檀
规格尺寸：高8.5厘米
风格特点：古典

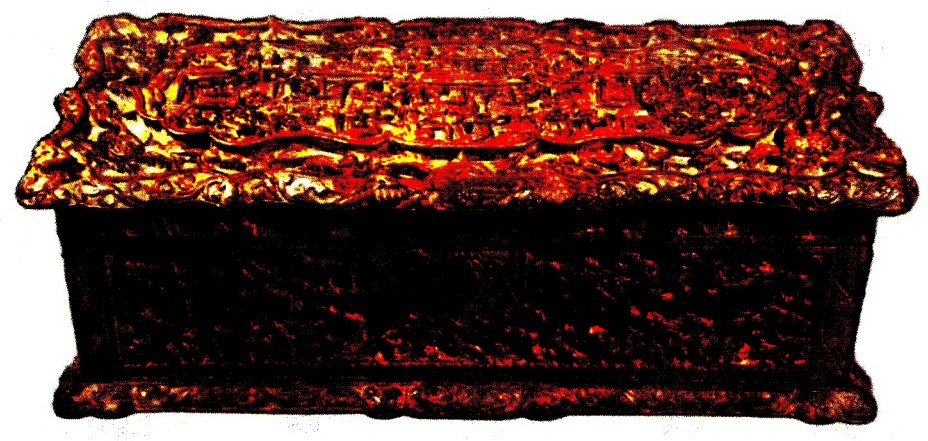

特征说明

紫檀楼台人物盖盒为南洋檀香木整料精制，外板四周均精工镂刻庭院人物，刻工精致繁复，造型大方周正，传世百余年来还能保存如此完整，实在难得。

星语鉴赏

制作均匀：★★★★★★
工艺制作：★★★★★★
收藏指数：★★★★★★★
珍贵指数：★★★★★★★

上篇——木中坚者——紫檀

黑檀贴皮镶象牙实木两截玻璃柜

基本信息

制作年代：不详
制作材质：黑檀
规格尺寸：103 厘米 ×44 厘米 ×227 厘米
风格特点：古雅

特征说明

意大利文艺复兴风格紫檀镶象牙实木家具是非常有特色的一种欧洲古董家具，因其制作工艺复杂，存世量很少，在西方艺术市场上很受重视。这件玻璃柜镶嵌古希腊神话及中世纪武士、飞龙、花鸟等图案，刻画生动。上部女神、小天使及骏马，为威尼斯诞生于海浪间的故事。

星语鉴赏

整体构造：★★★★★★★
工艺制作：★★★★★★★
收藏指数：★★★★★★★
投资指数：★★★★★★★

黑檀贴皮镶嵌象牙实木两截柜

基本信息

制作年代：不详

制作材质：黑檀

规格尺寸：124厘米×49厘米×206厘米

风格特点：古雅

特征说明

意大利黑檀贴皮镶嵌象牙实木两截柜，体积适中，做工精致复杂，镶嵌人物、动物、花卉丰富生动。上部人物为胜利女神，手持标枪盾牌，下部是带羽翼的小爱神在向美神维纳斯奉献水果和酒，都是古希腊神话中常见的题材。镶嵌象牙工艺起于东方国家，16世纪欧洲文艺复兴时期，欧洲工匠通过向阿拉伯国家学习，开始掌握这种工艺，并借助欧洲高超的绘画艺术，有了进一步提高，尤以人物见长，题材多为古希腊罗马神话中的神和怪兽。

星语鉴赏

整体构造：★★★★★★★

工艺制作：★★★★★★★

收藏指数：★★★★★★★

投资指数：★★★★★★

上篇——紫檀，木中坚者

黑檀镀金雕刻镶嵌报时壁炉钟

基本信息

制作年代：不详
制作材质：黑檀
规格尺寸：高 74 厘米
风格特点：古雅

特征说明

复杂大自鸣机械装置，整点、半点、刻钟报时；中心大表盘内圈为罗马数字刻度，外圈为阿拉伯数字刻度，上方另有三个小表盘：左侧为夜间静音调节，中间为打簧速度调节，右侧为报时铃音选择。

星语鉴赏

整体构造：★★★★★★★ 　工艺制作：★★★★★★★
收藏指数：★★★★★★　　　投资指数：★★★★★★★

紫檀嵌白玉八仙献寿如意

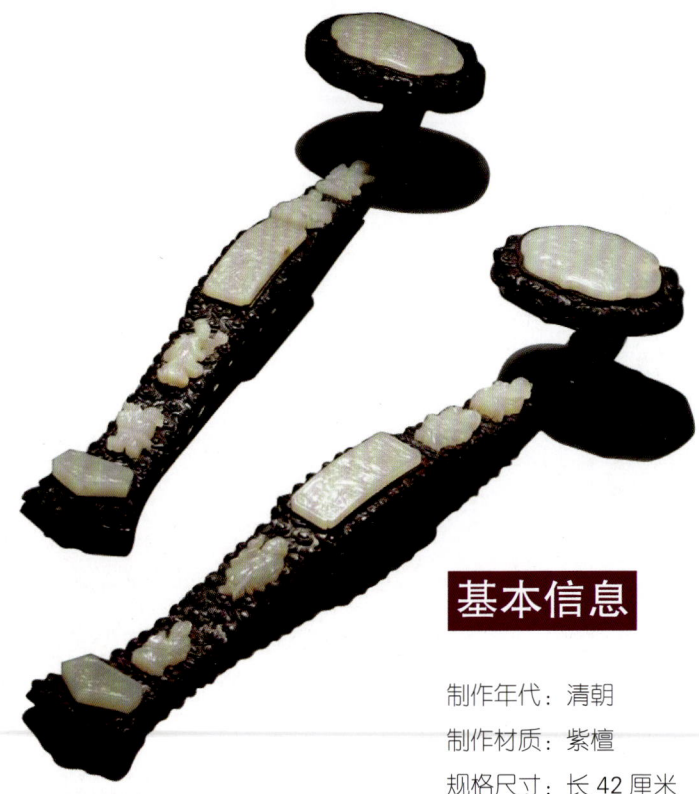

基本信息

制作年代：清朝
制作材质：紫檀
规格尺寸：长42厘米
风格特点：古雅

特征说明

如意以紫檀为柄，柄身满刻如意云头纹，层层叠叠。芝头、芝身及尾部各嵌七块白玉为饰，其上分刻八仙人物、海水纹及贺寿延年纹饰，玲珑剔透。整器满透灵秀之美，刀法自然流畅，紫檀与白玉的搭配，黑白两色的对比，无不彰显其钟灵之意。

星语鉴赏

整体构造：★★★★★★★
工艺制作：★★★★★★
收藏指数：★★★★★
投资指数：★★★★★★★

上篇——木中坚者：紫檀

紫檀嵌白玉人物插屏

基本信息

制作年代：近代

制作材质：紫檀

规格尺寸：宽 27.8 厘米；高 43 厘米

风格特点：古典

特征说明

此插屏木质优良，镂雕纹饰精美流畅，屏心所嵌白玉极为细腻光润，浮雕山水人物，构图如画，雕琢技艺高超，是十分精细高档之陈设品。

星语鉴赏

整体构造：★★★★★★★　　工艺制作：★★★★★★

收藏指数：★★★★★★　　投资指数：★★★★★★★

珍稀木材
紫檀·黄花梨收藏与鉴赏

紫檀嵌白玉千手观音插屏

基本信息

制作年代：近代
制作材质：紫檀
规格尺寸：46厘米×29厘米×130厘米
风格特点：古雅

特征说明

此插屏木质精良，镂空雕琢，插屏中心嵌一块白玉，其上有高浮雕千手观音，整体制作精细美观。

星语鉴赏

整体构造：★★★★★★★　　工艺制作：★★★★★★★
收藏指数：★★★★★★　　　投资指数：★★★★★★

紫檀圈椅

基本信息

制作年代：清朝
制作材质：紫檀
规格尺寸：95.5厘米×62厘米×66厘米
风格特点：古典

特征说明

此套家具为紫檀质地，材质精良，造型古朴简洁，背板浮雕有龙纹装饰，仿明式样，有收藏价值。

星语鉴赏

整体构造：★★★★★★★
工艺制作：★★★★★★★★
收藏指数：★★★★★★★
投资指数：★★★★★★★

紫檀的生态特征与分布

生态特征

紫檀,属于乔木,高15-25米,直径可达40厘米。单数羽状复叶;小叶7或9片,矩圆形,长6.5-11厘米,宽4-5厘米,先端渐尖,基部圆形,无毛;托叶早落。圆锥花序腋生或顶生,花梗及序轴有黄色短柔毛;小苞片早落;萼钟状,微弯,萼齿呈三角形,有黄色疏柔毛;花冠黄色,花瓣边缘皱折,具长爪;雄蕊单体;子房具短柄,密生黄色柔毛。

紫檀贴架

紫檀百宝嵌花鸟纹镇纸

上篇——紫檀，木中坚者

拓展延伸

乔木是指树身高大的树木，由根部发生独立的主干，树干和树冠有明显区分。有一个直立主干，且高达6米以上的木本植物。

小叶檀为紫檀中精品，木纹不明显，色泽初为橘红色，久则呈深紫如漆，几乎看不出年轮纹，有牛毛纹。小叶檀很少有大料，材料直径多在20厘米以内，再大就会长成空心而无法使用。大叶紫檀又称蔷薇木，纹理较粗、较宽，颜色为紫褐色，打磨后有明显脉管纹及棕眼。

产地分布

紫檀是世界上最名贵的木材之一，主要产于南洋群岛（即马来群岛）的热带地区，其次是越南。我国广东、广西、云南也产紫檀木，但数量不多。大家所熟知的印度小叶紫檀又称鸡血紫檀，是目前所知最珍贵的木材，是紫檀木中最高级的品种。

紫檀透雕大方炉

紫檀翠如意

紫檀精品欣赏

紫檀官皮箱

基本信息

制作年代：清朝

制作材质：紫檀

规格尺寸：32厘米×24厘米×33厘米

风格特点：古朴

特征说明

紫檀官皮箱以紫檀为料，色泽幽黑肃穆，包浆莹亮。经典"顶壶"造型，尤为珍贵。箱体正门两扇，箱盖有云形拍子与箱体扣合，箱盖掀开为一个平屉，两扇小门后为六具抽屉。两门饰以面叶及鱼形吊牌，外设铜包脚，两侧带提手，下面有底座，正面腿里侧饰以壶门式牙条，做工十分考究。

星语鉴赏

整体构造：★★★★★★★

工艺制作：★★★★★★★

收藏指数：★★★★★★★

投资指数：★★★★★★

上篇 木中坚者——紫檀

紫檀雕夔龙纹大画桌

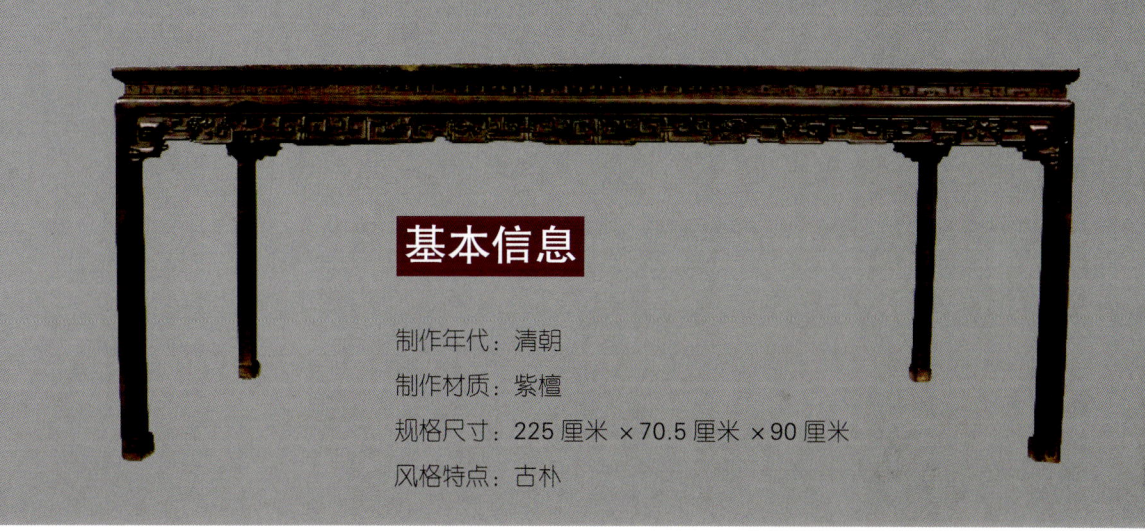

基本信息

制作年代：清朝
制作材质：紫檀
规格尺寸：225厘米×70.5厘米×90厘米
风格特点：古朴

特征说明

紫檀雕夔龙纹大画桌为乾隆时期的制品，是用最好的小叶紫檀制作而成，体型硕大且用材厚重，整体保存完好。紫檀雕夔龙纹大画桌选料考究，繁简相宜，古朴典雅，浑然天成，具有很高的艺术性。紫檀雕夔龙纹大画桌材质珍贵，是中国古典家具史上尤为难得的佳品。

星语鉴赏

整体构造：★★★★★★★
工艺制作：★★★★★★★
收藏指数：★★★★★★
投资指数：★★★★★

紫檀二人凳

基本信息

制作年代：清朝
制作材质：紫檀
规格尺寸：98.5厘米×40厘米×48.5厘米
风格特点：古典

特征说明

紫檀二人凳选用紫檀料而制，包浆厚重，周身光素无饰，以凸显纹理之美。长短榫构造，面攒框镶板，沿部做双混面，罗锅枨牙条包腿，其上安双环卡子花，下为圆直腿。整体简洁流畅，古朴端庄，为典型明式家具。

星语鉴赏

整体构造：★★★★★★★
工艺制作：★★★★★★★
收藏指数：★★★★★★★
投资指数：★★★★★★★

紫檀嵌绿端石双劈料条桌

基本信息

制作年代：清朝
制作材质：紫檀
规格尺寸：128.5厘米×38厘米×81.5厘米
风格特点：质朴

特征说明

紫檀嵌绿端石双劈料条桌选用上等紫檀料精制而成，包浆温润自然，造型古朴大方。面部攒框镶绿端石。冰盘沿，素牙板，罗锅枨式牙条，整体素雅大气，淳朴娟秀，是难得一见的佳品。

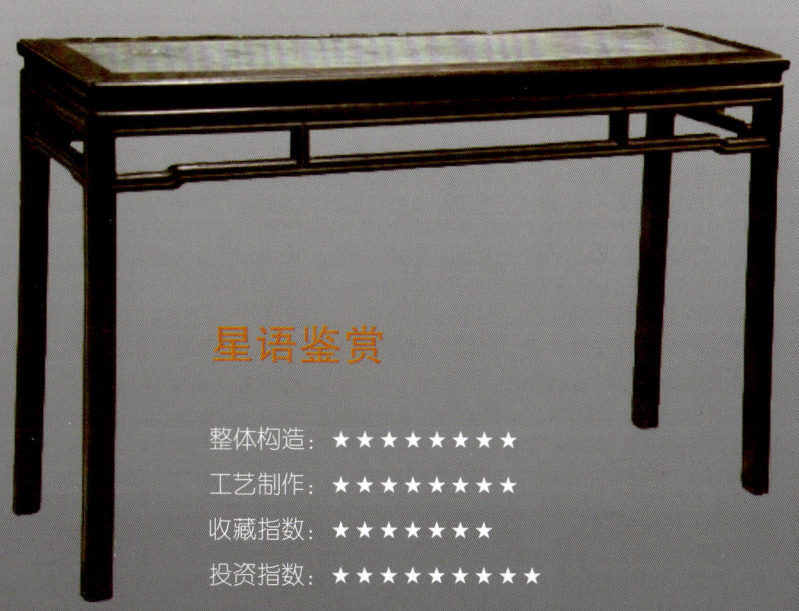

星语鉴赏

整体构造：★★★★★★★
工艺制作：★★★★★★★
收藏指数：★★★★★★
投资指数：★★★★★★★

紫檀小罗汉床

特征说明

紫檀色泽沉穆，罗汉床形制小巧，比例合宜。三面围子，床面平整，下束腰，内翻马蹄足；线条平直，简洁素雅，干净利落。

基本信息

制作年代：清朝
制作材质：紫檀
规格尺寸：41厘米x19厘米x15厘米
风格特点：古典

星语鉴赏

整体构造：★★★★★★
收藏指数：★★★★★★
工艺制作：★★★★★★
投资指数：★★★★★★

拓展延伸

罗汉床一般体形较大，又有无束腰和有束腰两种类型。有束腰且牙条中部较宽，曲线弧度较大的，俗称"罗汉肚皮"，故又称"罗汉床"。罗汉床一直是备受欢迎的实用家具。

紫檀长方束腰座

基本信息

制作年代：清朝
制作材质：紫檀
规格尺寸：96厘米x26厘米x15厘米
风格特点：古典

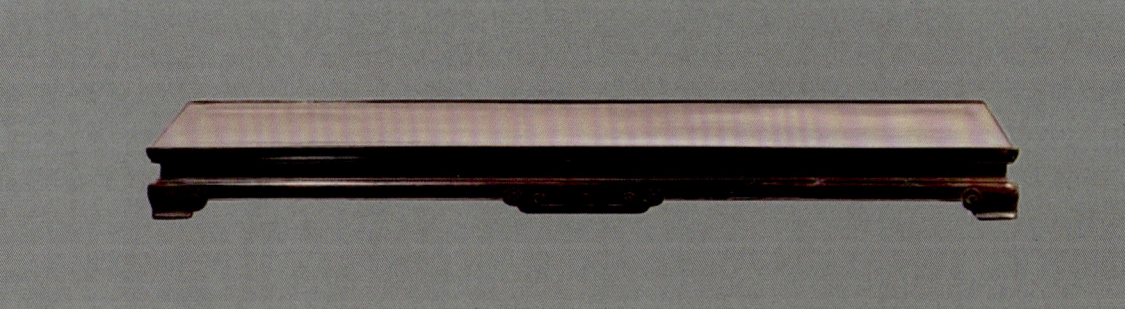

特征说明

紫檀为材，桌面起拦水线，打槽装板，束腰，下承四足，饰如意卷云牙条装饰。整器干净利落，敦实稳重，如此奢侈耗材，可见皇家风范。

星语鉴赏

整体构造：★★★★★★
工艺制作：★★★★★★★
收藏指数：★★★★★★
投资指数：★★★★★★

紫檀嵌鸡翅木万字纹条桌

基本信息

制作年代：清朝

制作材质：紫檀

规格尺寸：133厘米×37厘米×88.5厘米

风格特点：古典

特征说明

造型端庄霸气，整体古朴典雅，用材硕大，乃几千年生长而成，十分罕见。

星语鉴赏

整体构造：★★★★★★

工艺制作：★★★★★★★

收藏指数：★★★★★★★

投资指数：★★★★★★★

上篇——紫檀,木中坚者

紫檀框嵌青玉竹林景挂屏(一对)

基本信息

制作年代：清朝
制作材质：紫檀
规格尺寸：高 102.8 厘米；宽 69.8 厘米
风格特点：古典

特征说明

挂屏呈长方形，紫檀边框。屏心以黄漆为地，下部以鸡翅木饰湖石危立，碧玉镶嵌山石中生出的修竹数竿，瘦削挺拔，竹叶上仰，绰约多姿，更有竹笋三枚，穿插其间，一派春意盎然之景色。

星语鉴赏

整体构造：★★★★★　　　工艺制作：★★★★★
收藏指数：★★★★★★　　投资指数：★★★★★★

紫檀炕桌

基本信息

制作年代：清朝
制作材质：紫檀
规格尺寸：67厘米×15厘米×34.6厘米
风格特点：典雅

特征说明

炕桌设计制作十分讲究，纹饰雕刻、镶嵌工整，且保存完好，黄漆地上有幼细的牛毛断纹，背面漆底为原装，应为皇家书房中的陈设物，极为难得。

星语鉴赏

整体构造：★★★★★★
工艺制作：★★★★★★
收藏指数：★★★★★★★
投资指数：★★★★★★

上篇——木中坚者：紫檀

紫檀罗汉床式座

基本信息

制作年代：明末清初
制作材质：紫檀
规格尺寸：宽 79 厘米
风格特点：古典

特征说明

无论是造型、用料、做工都堪称世界之最，也是宫廷御用之宝物。

星语鉴赏

整体构造：★★★★★　　工艺制作：★★★★★
收藏指数：★★★★★★　投资指数：★★★★★★

珍稀木材
紫檀·黄花梨收藏与鉴赏

紫檀透格柜

基本信息

制作年代：清朝

制作材质：紫檀

规格尺寸：125.4厘米×55厘米×202厘米

风格特点：质朴

特征说明

整器包浆浑厚，造型典雅，灵动有致，光华内蕴，存世极少。

星语鉴赏

整体构造：★★★★★★

工艺制作：★★★★★★

收藏指数：★★★★★★★

投资指数：★★★★★★

御制紫檀座屏

基本信息

制作年代：清朝
制作材质：紫檀
规格尺寸：高 145 厘米
风格特点：典雅

特征说明

紫檀边座，边框浅雕云蝠纹，底座雕云龙纹。屏心漆地，以白玉、碧玉、碧玺等珍贵材料镶嵌。此屏镶嵌工艺精湛，用料上乘，典雅古朴，为乾隆朝之杰作。

星语鉴赏

整体构造：★★★★★★★
工艺制作：★★★★★★★
收藏指数：★★★★★★★
投资指数：★★★★★★

牙雕山水插屏

基本信息

制作年代：清朝
制作材质：紫檀
规格尺寸：高20厘米
风格特点：典雅

特征说明

此插屏为象牙材质，采用浅浮雕技法刻画纹饰，远处描绘一群老者，簇拥在一起讲经说法，近处一童子牵着毛驴给老者引路，其间山石林立，苍松侧柏，生动写实。整体胎壁较薄，对刀法拿捏程度要求极高，在很薄的胎壁上刻画出层次感如此之强的画面，实为可贵。

星语鉴赏

整体构造：★★★★★★
收藏指数：★★★★★★
工艺制作：★★★★★★★
投资指数：★★★★★★★

紫檀插屏座

基本信息

制作年代：清朝
制作材质：紫檀
规格尺寸：宽 85 厘米
风格特点：古典

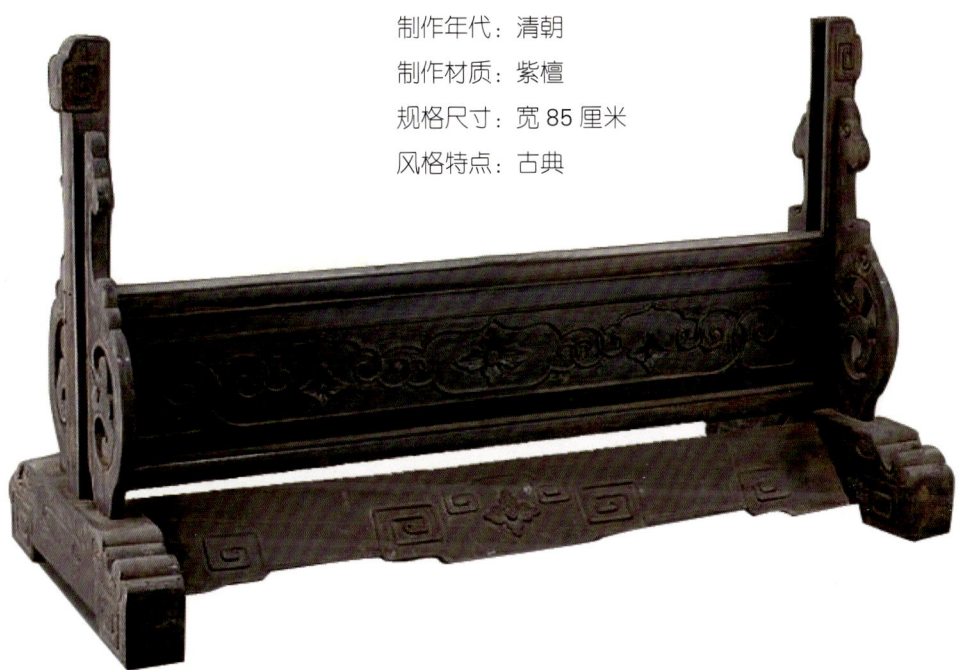

特征说明

屏座设计制作十分讲究，纹饰雕刻、镶嵌工整，且保存完好，极为难得。

星语鉴赏

整体构造：★★★★★★★
工艺制作：★★★★★★★★
收藏指数：★★★★★★★
投资指数：★★★★★★★★

紫檀雕书箱

基本信息

制作年代：民国
制作材质：紫檀
规格尺寸：高 20.5 厘米
风格特点：典雅

特征说明

此书箱为上等木材紫檀所做，实属难得一见，具有很高的收藏价值。

星语鉴赏

整体构造：★★★★★
收藏指数：★★★★★★

工艺制作：★★★★★
投资指数：★★★★★

卢氏黑黄檀明式三围屏罗汉床

基本信息

制作年代：现代
制作材质：黑黄檀
规格尺寸：216厘米×116厘米×78厘米
风格特点：古雅

特征说明

此款罗汉床为典型的明式风格。罗汉床采用龙凤榫加穿带、攒边打槽装板、抱肩榫、走马销的工艺，由三面围子、座面、束腰、牙板、膨牙鼓腿构成。因为采用丝翎檀雕工艺，围板主构图"寒雀图"画面纤毫毕现，整体落差小，形体逼真，布局内由动而静的画面感极强。

星语鉴赏

整体构造：★★★★★★　　工艺制作：★★★★★★
收藏指数：★★★★★★　　投资指数：★★★★★

高束腰满工雕梅花纹平头案

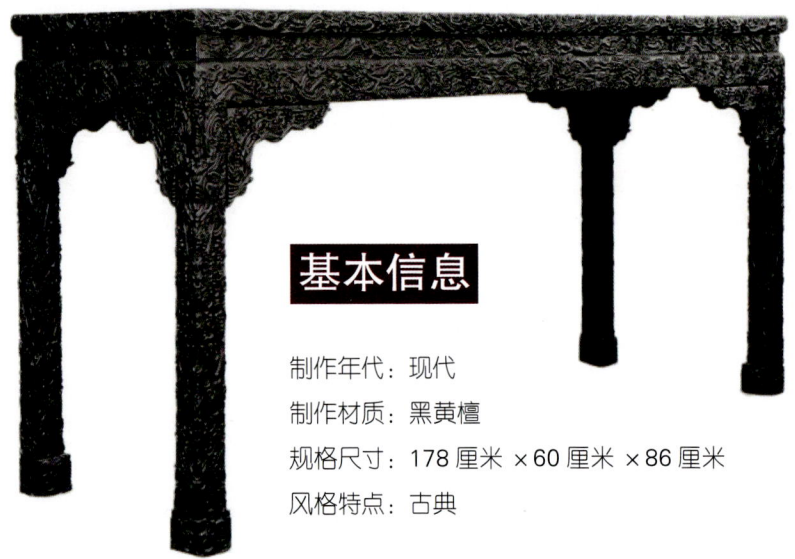

基本信息

制作年代：现代
制作材质：黑黄檀
规格尺寸：178厘米×60厘米×86厘米
风格特点：古典

特征说明

该件作品雕刻技法高超，制作工艺极为繁复，磨工精细，是典型的清式风格，具有很高的艺术水平。此案为卢氏黑黄檀，俗称"大叶紫檀"制。除桌面外，通体浮雕梅花纹，高束腰直方腿内翻马蹄。

星语鉴赏

整体构造：★★★★★★★
工艺制作：★★★★★★★
收藏指数：★★★★★★★
投资指数：★★★★★★★

卢氏黑黄檀西番莲案

基本信息

制作年代：现代
制作材质：黑黄檀
规格尺寸：256厘米×55厘米×89厘米
风格特点：古典

特征说明

此案为卢氏黑黄檀所制，为标准夹头榫结构，整体采用活插结构。牙子和挡板分别为铲地浮雕和透雕西番莲，花型丰腴，叶茎流畅，是典型的宫廷家具风格，在结构上，此案采用了大件家具较为考究的做法。

星语鉴赏

整体构造：★★★★★★★
工艺制作：★★★★★★★
收藏指数：★★★★★★★
投资指数：★★★★★★★

黑黄檀禅椅

基本信息

制作年代：现代
制作材质：黑黄檀
规格尺寸：73 厘米 × 77 厘米 × 84 厘米
风格特点：古典

特征说明

此款禅椅虽然是现代用东非黑黄檀制，但仍然不减明式禅椅的气度和丰韵。该椅座面宽大，阔而深，成正方形，可供人盘足结跏趺坐。靠背椅框内与扶手下的空间，不安任何构件，令禅椅感觉空灵，颇能辅助坐者沉思入定，寻找内心的皈依之所。

星语鉴赏

整体构造：★★★★★★　　工艺制作：★★★★★★
收藏指数：★★★★★★　　投资指数：★★★★★★

紫檀的木材特征与实用

木材特征

紫檀放置的时间越久,其颜色就越深,木质当中还会散发出非常独特的檀香味。因为自身原因,紫檀的生长周期非常漫长,自然存量因此十分有限,比一般的红木更为稀少。紫檀大多生长在终年云雾缭绕的原始森林当中,用中国的一句古话来说就是——采天地之灵气。紫檀的特性主要表现为色彩呈犀牛角色,暴露在空气中久则变成紫黑色。紫檀的年轮,多为绞丝状,有人也称其为蟹爪纹或牛毛纹。尽管也有直丝的地方,但细看总有绞丝纹。紫檀的木棕眼十分细密,木质也很坚硬,制作紫檀家具时多利用其自然特点,采用光素手法,不加雕饰。

紫檀透雕琴棋书画宫扇

紫檀炕桌

紫檀嵌百宝盖盒

紫檀透雕翼龙图盒

实用价值

紫檀的工艺价值

早期,紫檀只被人们用来制作一些较小的物件。后来,随着人们对紫檀木材良好物理性质的认识,紫檀开始走进更多人的视野当中,地位上升很快。到了明朝晚期,文人开始注意到紫檀的沉穆雍容之美,因此更加推崇紫檀。这一时期的紫檀,多被用来制作文房用品,如镇纸、香炉、笔筒、瓶、盒等。到了清朝,紫檀开始被大量应用在家具制作之上,如桌椅、几架、箱柜、盒匣等。

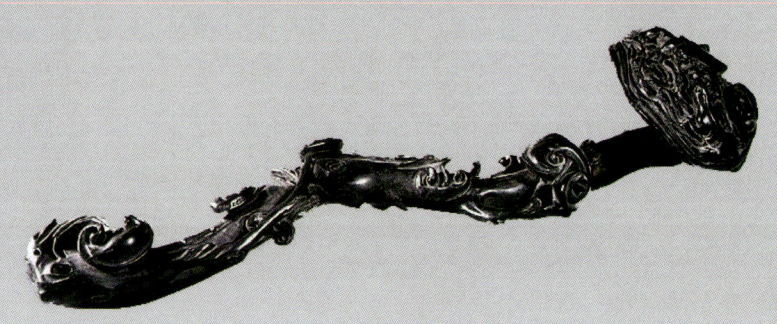

紫檀灵芝如意

上篇——紫檀,木中坚者

很多人都听过"十檀九空"这个词,紫檀直径最大的不过20厘米,因此十分珍贵。目前,紫檀主要被用来制造高级家具及其他精美雕刻艺术品。

紫檀的药用价值

《本草纲目》当中,记载着紫檀有止血、止痛,以及调节气血的作用。操作方法是,把紫檀锯末涂在皮肤上,反复地搓,然后用清水把它冲掉。之后,看一看刚刚用紫檀锯末敷过的皮肤,就好像刚洗完脸抹了一层护肤品一样。

紫檀狮子一对

紫檀挖足笔筒

紫檀嵌百宝花鸟图大座屏

紫檀嵌玉雕福寿如意

对于那些脸上长疙瘩的人，可以用紫檀锯末敷在脸上；每天晚上敷10分钟，效果不错。在反复揉搓之后，紫檀会散发出一种叫作"木氧"的物质，这种物质不能够起到安神醒脑的作用，而且长期使用还能够促进细胞再造，预防皱纹的出现。

按照古代医书上面的记载，紫檀不仅能够美容，还能够消除关节肿痛。在关节肿痛的地方，用白醋与紫檀末混合敷在腿部关节处，能够消除关节肿痛。此外，紫檀屑做成的抱枕的枕芯，对肠胃病有一定的舒缓作用。

紫檀文房书柜

紫檀嵌牙人物题诗笔筒

上篇——紫檀，木中坚者

拓展延伸

《本草纲目》是我国古代药学著作，52卷，明李时珍撰，创于1590年；全书共190多万字，载有药物1892种，收集医方11 096个，绘制精美插图1160幅，分为16部、60类；是作者在继承和总结以前本草学成就的基础上，结合作者长期学习、采访所积累的大量药学知识，经过实践和钻研，历时数十年而编成的一部巨著。书中不仅考证了过去本草学中的若干错误，综合了大量科学资料，提出了较科学的药物分类方法，融入先进的生物进化思想，并反映了丰富的临床实践。本书也是一部具有世界性影响的博物学著作。

性味

咸，平。

1. 《别录》："味咸，微寒。"
2. 《日华子本草》："无毒。"
3. 《本草逢原》："咸，平，无毒。"
4. 归经《本草经疏》："入足厥阴经。"

拿破仑三世式黑紫檀贴皮牌桌

紫檀五老观太极笔筒

功用主治

消肿、止血,定痛。治肿毒,金疮出血。

1.《别录》:"主恶毒,风毒。"

2.陶弘景:"摩以涂风毒诸肿;又主金创止血;亦疗淋。"

3.《日华子本草》:"醋摩敷一切卒肿。"

紫檀笔插、笔架各一

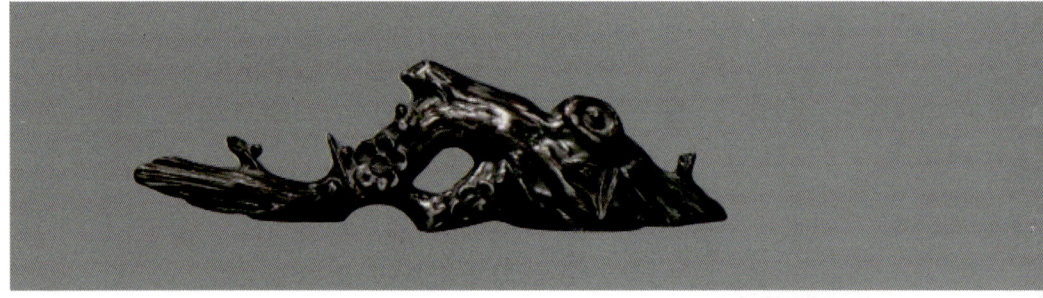

用法及禁忌

1.外用:研末敷或磨汁涂;内服:煎汤。

2.宜忌:《本草从新》:"痈肿溃后,诸疮脓多及阴虚火盛,俱不宜用。"

选方

1.治金疮,止痛止血生肌:紫檀末敷。(《肘后方》)

2.治卒毒肿起,急痛:紫檀,以醋磨敷上。(《肘后方》)

紫檀笔筒

上篇——紫檀,木中坚者

紫檀湘妃竹毛笔(三只)

名家论述

1.《纲目》:"白檀辛温,气分之药也,故能理卫气而调脾肺,利胸膈。紫檀咸寒,血分之药也,故能营气而消肿毒,治金疮。"

2.《本草经疏》:"紫真檀,主恶毒风毒。凡毒必因热而发,热甚则生风,而营血受伤,毒乃生焉。此药咸能入血,寒能除热,则毒自消矣。弘景以之敷金疮、止血止痛者,亦取此意耳。宜与番降真香同为极细末,敷金疮良。"

紫檀花棱笔筒

紫檀嵌百宝博古图插屏

紫檀嵌玉诗文墨床

紫檀镶八宝长方盒

上篇——紫檀,木中坚者

紫檀精品欣赏

紫檀霸王腿方几

基本信息

制作年代：清朝
制作材质：紫檀
规格尺寸：17.5厘米×17.5厘米×18厘米
风格特点：经典

特征说明

以小叶紫檀精制，木纹细密坚实，工艺精湛，典雅端庄，包浆细润，用料考究。

星语鉴赏

整体构造：★★★★★★　　工艺制作：★★★★★★
收藏指数：★★★★★★　　投资指数：★★★★★

扶手椅

基本信息

制作年代：清朝
制作材质：紫檀
规格尺寸：90厘米×58厘米×106厘米
风格特点：古典

特征说明

表面看似乎完全出于天然，丝毫不露刀斧痕迹，看不见接缝和铁钉。这需要利用树根盘根错节，变化无穷的特点巧妙拼合。具有回归自然，品味高雅的效果。

星语鉴赏

整体构造：★★★★★★★
工艺制作：★★★★★★★★
收藏指数：★★★★★★★
投资指数：★★★★★★

上篇——紫檀，木中坚者

紫檀圈椅

基本信息

制作年代：清朝
制作材质：紫檀
规格尺寸：62厘米×72厘米×102厘米
风格特点：经典

特征说明

此圈椅选材紫檀制，形体优雅，雕刻精美。靠背呈"S"形，开窗浮雕吉祥图案，曲线文雅，雕刻技艺精湛，牙板作壶门券口，腿足外圆内方，由步步高管枨相连，包浆温润，简练舒展，体现了实用性与科学性的统一，具有很高的艺术价值。

星语鉴赏

整体构造：★★★★★★★
工艺制作：★★★★★★
收藏指数：★★★★★★
投资指数：★★★★★★★

紫檀"松鹤延年"笔筒

基本信息

制作年代：清朝
制作材质：紫檀
规格尺寸：高 14 厘米；口径 11 厘米
风格特点：古雅

特征说明

一双仙鹤缓步于苍松之下，喃喃低语。画面首尾相合处有"松鹤延年"四字。雕工精湛，栩栩如生，寓意美好。以珍贵的紫檀料精雕而成，器形规整，色泽优雅，包浆浑厚。外壁通景绘制松鹤图，意境幽深。

星语鉴赏

整体构造：★★★★★★　　工艺制作：★★★★★★
收藏指数：★★★★★★★　投资指数：★★★★★★

紫檀太师椅

基本信息

制作年代：清朝

制作材质：紫檀

规格尺寸：101厘米×46厘米×59.5厘米

风格特点：古典

特征说明

紫檀质地，十分厚重，棕眼显见，装饰手法简洁大方，有一定收藏价值。

星语鉴赏

整体构造：★★★★★　　工艺制作：★★★★★★

收藏指数：★★★★★★　　投资指数：★★★★★

紫檀龙纹插屏

基本信息

制作年代：清朝
制作材质：紫檀
规格尺寸：155厘米×233厘米
风格特点：质朴

特征说明

此座屏硕大，材质优良，主体及边框满饰云龙纹，有浮雕，有镂空雕，精美大气。

星语鉴赏

整体构造：★★★★★★
工艺制作：★★★★★★
收藏指数：★★★★★★
投资指数：★★★★★

紫檀葫芦壁挂

上篇——紫檀,木中坚者

基本信息

制作年代:清朝
制作材质:紫檀
规格尺寸:高 20 厘米
风格特点:典雅

特征说明

此壁挂为一对,葫芦瓶形。紫檀胎,瓶口外翻,束颈,鼓腹,灵芝云纹形足。背面平,可悬挂在壁上,故名。瓶身中间开光,开光内有御题诗文一首。品相佳美,做工讲究。

星语鉴赏

整体构造:★★★★★★★
工艺制作:★★★★★★★
收藏指数:★★★★★★★
投资指数:★★★★★★

紫檀文房博古架

基本信息

制作年代：清朝
制作材质：紫檀
规格尺寸：35 厘米 ×10 厘米 ×50 厘米
风格特点：经典

特征说明

　　博古架造型大气，紫檀制，齐头立方式。结构交错跌宕，疏密有致，高低起伏，通身以小叶紫檀拼板攒框而成，更显材料珍贵。自然得体，成双而显，可赏可玩。

星语鉴赏

整体构造：★★★★★★
工艺制作：★★★★★★
收藏指数：★★★★★★
投资指数：★★★★★★

紫檀童子闹佛摆件

基本信息

制作年代：清朝
制作材质：紫檀
规格尺寸：直径19厘米；高59厘米
风格特点：古典

特征说明

紫檀童子闹佛为大肚弥勒佛，通体紫檀制，憨态可掬，佛上雕三名调皮童子，两个在弥勒佛肩上嬉戏，一抓元宝一握拂尘，寓意财源广进，益寿延年。整个作品给人的感觉就是十分喜庆，这样的吉祥题材在清代摆件中属经典。

星语鉴赏

整体构造：★★★★★★★
工艺制作：★★★★★★★★
收藏指数：★★★★★★★
投资指数：★★★★★★★

紫檀平头案

基本信息

制作年代：明代
制作材质：紫檀
规格尺寸：198厘米×55厘米×84厘米
风格特点：质朴

特征说明

此平头案通体使用紫檀。四腿为圆材，两侧腿间设横枨，既增加了案子的强度，又使侧视的感觉不过于空旷。案面下有素面牙条，牙头与牙条为一木连做，夹头榫结构。全案通体素雅可人，造型紧凑，空灵俊秀，置于书房，可添无限情趣，彰显文人心境。为明代平头案之经典。

星语鉴赏

整体构造：★★★★★★
工艺制作：★★★★★
收藏指数：★★★★★★
投资指数：★★★★★

紫檀多层格提盒

基本信息

制作年代：清朝
制作材质：紫檀
规格尺寸：31厘米×15厘米×22厘米
风格特点：古典

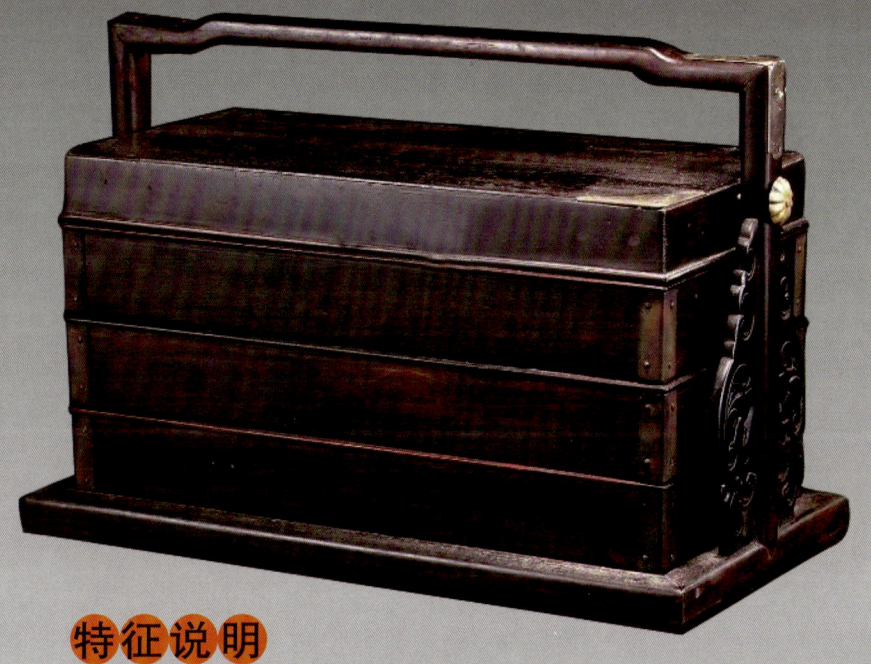

特征说明

整器均由紫檀制成，色泽深沉，纹理细腻，四面光素。盒子线条圆润，每层四角及提梁边缘镶嵌黄铜，整体气息清雅，文人风格强烈，虽是素器，但制作规整典雅。

星语鉴赏

整体构造：★★★★★★★
工艺制作：★★★★★★
收藏指数：★★★★★★★
投资指数：★★★★★★

紫檀梳背椅

基本信息

制作年代：明朝
制作材质：紫檀
规格尺寸：59厘米×46厘米×99厘米
风格特点：典雅

特征说明

此椅以金星紫檀制，椅背扶手都安直棂。四腿侧脚收分明显，足下有管脚枨。梳背椅是各种椅子中较小的一种，用材单细，造型轻巧美观，梳背椅从传世数量看，无疑是明朝最为流行的一种形式，但用紫檀制作的梳背椅却极为稀少，用金星紫檀制作的器具则更为稀罕，保存至今实为难得。

星语鉴赏

整体构造：★★★★★★★
工艺制作：★★★★★★★
收藏指数：★★★★★★★
投资指数：★★★★★★

紫檀玉兰笔筒

基本信息

制作年代：清朝

制作材质：紫檀

规格尺寸：直径 17 厘米；高 18.8 厘米

风格特点：精致

特征说明

笔筒为紫檀制，圆体，花瓣式口。外壁浮雕玉兰花。玉兰花既相互独立，又于底部纠结相连。此器色泽古雅，为紫檀雕刻中的精品。

星语鉴赏

整体构造：★★★★★★

工艺制作：★★★★★★★

收藏指数：★★★★★★

投资指数：★★★★★★★

大叶紫檀束腰三弯腿榻

基本信息

制作年代：不详
制作材质：紫檀
规格尺寸：2081厘米×53厘米×50厘米
风格特点：古典

特征说明

边抹起冰盘沿束腰与牙板一木连做，牙板下端起扁平阳线于腿交圈。足底承以圈球，它和卷球上下呼应，予人以翼然飘举的感觉。

星语鉴赏

整体构造：★★★★★★　　工艺制作：★★★★★★
收藏指数：★★★★★　　　投资指数：★★★★★

上篇——紫檀，木中坚者

紫檀嵌宝紫藤花鸟挂屏

基本信息

制作年代：清朝
制作材质：紫檀
规格尺寸：长 72 厘米
风格特点：古典

特征说明

屏面平整光洁，内框边缘刻一圈回纹作边饰，外框镂空委角，框栏一圈减地浮雕大回纹为饰。屏面左侧空朗，右侧至中间版面嵌贴一幅镶宝花鸟图。画面疏朗美观，意境清和自然，刻工镶嵌高超，框面料材精良。

星语鉴赏

整体构造：★★★★★★★　　工艺制作：★★★★★★★
收藏指数：★★★★★★★　　投资指数：★★★★★★★

紫檀瘿木座

基本信息

制作年代：清朝
制作材质：紫檀
规格尺寸：高11厘米
风格特点：高雅

特征说明

台面近花形，整体用紫檀为材，木质细腻、坚硬。内嵌瘿木，瘿木纹路自然随意，独具装饰效果，下承托泥六足，形制独特，通身素雅精细。

星语鉴赏

整体构造：★★★★★★★
工艺制作：★★★★★★★★
收藏指数：★★★★★★★
投资指数：★★★★★★★★

紫檀翘头案

基本信息

制作年代：民国
制作材质：紫檀
规格尺寸：160厘米×39.5厘米×86.5厘米
风格特点：经典

特征说明

此翘头案通体紫檀制，案面两端翘头，四腿以夹头榫结构与案面相接。直牙条，边起阳线。腿间装绦环板，透雕龙纹，工艺精湛，纹饰精美。

星语鉴赏

整体构造：★★★★★★★
工艺制作：★★★★★★★
收藏指数：★★★★★★
投资指数：★★★★★★★

紫檀的常见分类

檀香紫檀

紫檀荷叶宝座

简介

檀香紫檀是世界上最贵重木料品种之一，由于数量稀少，见者不多，遂为世人所珍重。据史料记载，紫檀主要产于南洋群岛的热带地区，其次为东南亚地区。我国广东、广西也产紫檀，但数量不多。

到目前为止，檀香紫檀制品仍是市场上最热销的一种木质产品。对于很多人来说，似乎听到更多的是它的

紫檀雕梅花杯

别名,如:金星紫檀、紫檀、牛毛纹紫檀、小叶檀、小叶紫檀。檀香紫檀树,最高可达 20 米,直径 50 厘米。目前,檀香紫檀大部分产于印度、泰国、马来西亚和越南等地。

紫檀镶八宝海棠盒

檀香紫檀的木材材质十分坚硬,气干密度大于 1 克/立方厘米,入水便沉。檀香紫檀的纹理略斜、结构细密,车旋、雕刻容易,油漆性能良好,非常适合用来制作桌椅、书桌、沙发等大型家具或者笔筒、手镯、手串等小型工艺品。

珊瑚首紫檀文明杖

特征

檀香紫檀的年轮不是很明显,芯材新切面呈橘红色,久则转为深紫或黑紫,常带浅色和紫黑条纹;划痕明显;木屑水浸出液紫红色,有荧光。用肉眼几乎看不到管孔;弦向直径平均 92 微米。轴向薄壁组织在放大镜下明显,主为同心层式或略带波浪形的细线,稀环管束状。木纤维壁厚,充满红色树胶和紫檀素。檀香紫檀的木射线在放大镜下可见;波痕不明显;射线组织同形单列。檀香紫檀的香味非常微弱，很多时候都难以闻到；结构甚细；纹理交错，有的局部卷曲；气干密度为 1.05-1.26 克/立方厘米。

紫檀镶嵌八宝如意盒

越柬紫檀

简介

越柬紫檀，属花梨木类木材；据《木鉴》中述，越柬紫檀属花梨木类中最好的。越柬紫檀主产于越南、老挝、马来西亚、柬埔寨、新加坡、泰国等地。

紫檀镶象牙笔筒

孙中山铜牌连紫檀插屏

上篇——紫檀，木中坚者

紫檀宝座　　　　　　　　　　紫檀镶象牙九龙壁屏风

最早记录越柬紫檀的文献是中国古代晋崔豹的《古今注·草木》。书中记载："紫檀木，出扶南而色紫，亦谓之紫檀。"书中所说的扶南，便是今天的柬埔寨以及周边地区。

紫檀床榻

特征

越柬紫檀有牛毛纹，并且油性非常大。越柬紫檀色泽介于紫色到深红色之间，黑筋非常细，走势缥缈虚幻，就像陶瓷釉色下的散彩，黑筋有并排很多根，

紫檀雕八角果品盒

紫檀雕彩绘描金释尊佛龛

分界十分明显，无明显棕眼。越柬紫檀最大的优点就是稳定性非常好。

此外，越柬紫檀的观感也不错。看上去没有棕眼，用手也摸不出。越柬紫檀的底色为红褐色、紫褐色、褐色等。在实际应用当中，褐色、紫褐色多，而红褐色则相对稀少。在几种

紫檀镶竹簧套盒 2 件

颜色当中，当属紫褐色料油性最佳。此料黑筋明显，有紫檀素，在阳光的照射下能够呈现出金星，刷漆后金星不明显。

越柬紫檀的木质密度很高，大多数材料密度都在1.0以上。要是把两块相同木材相互撞击，能够听到非常清脆的声响。

紫檀雕夔龙兽耳四足鼎

紫檀雕灵芝琴桌

紫檀小几

紫檀雕刘海戏金蟾笔筒

越柬紫檀非常适合雕刻，少崩茬，刮磨性好，少锵茬。越柬紫檀的黑筋如行云流水，大多数黑筋就如山水泼墨，做一个比喻，就好像大理石的色彩。

安达曼紫檀

简介

安达曼紫檀主产于印度安达曼群岛。安哥拉紫檀及非洲紫檀为非红木的亚花梨类，属于硬木，但因管孔过大，不符合国家红木标准，不属于红木。

紫檀雕龙纹宝座

紫檀瘿木面五羊几

特征

散孔材,半环孔材倾向较为明显,生长轮颇明,芯材呈红褐至紫红褐色,常带黑色条纹。用手划后能够看到明显的划痕;水浸出液黄褐色,有荧光。管孔在生长轮内部,肉眼下颇明显,弦向直径最大 310 微米。轴向薄壁组织在放大镜下明显,主为同心式的细线状及断续聚翼状。

安达曼紫檀纤维壁由薄至厚,在放大镜下能够看到木射线,波痕在放大镜下略见;射线组织同形单列,香气无或很微弱;结构细;纹理典型交错,鹿斑花纹;气干密度为 0.69-0.87 克/立方厘米。

紫檀雕龙纹画盒

刺猬紫檀

简介

紫檀雕牧牛图笔筒

刺猬紫檀主产于热带非洲，塞内加尔、冈比亚、几内亚比绍、几内亚、马里、毛里塔尼亚等国家都有出产。刺猬紫檀属于大乔木，根据文献记载，最高可达到 21 米，直径能够到达 1 米，主要生长在热带草原森林当中。现在，在中国市场上看到的刺猬紫檀，很多都是进口于冈比亚共和国。

特征

刺猬紫檀材的纹理交错，梢部较直，结构较细，但十分均匀。新伐的刺猬紫檀，时时散发着一股香气，较久渐淡或消失。放在水里，没水但不沉底。刺猬紫檀干缩率为径向 3.5%，弦向 7.4%，体积 8.8%。气干密度 0.85 克/立方厘米。抗弯强度 154.8MPa；抗弯弹性模量 11 375.7MPa；顺纹抗压强度 66.3MPa；横纹抗压；强度 2.4MPa；抗剪强度 1.8MPa；抗劈力 19.8N/mm；硬度 11.2N。散孔材，半环孔

紫檀圆托

材倾向明显。生长轮明显。芯材呈紫红褐或红褐色，常带深色条纹；划痕可见。管孔在生长轮内部，肉眼下可见。木纤维壁由薄至厚，在放大镜下，能够看到木射线，波痕可见。

刺猬紫檀有半环孔倾向，管孔有大有小，在生长轮内部的阳光下肉眼可见，小管孔在放大镜下明显。管孔内含黑色或褐色树胶，黑色树胶在紫色条纹里，褐色树胶在较浅的条纹里。管孔含二氧化硅，阳光下发光。轴向薄壁组织很丰富，阳光下肉眼微微可见，放大镜下明晰，主为弯弯曲曲窄带状及细线状，还有傍管带状。

紫檀雕人物故事笔筒

紫檀雕狮子戏球摆件

紫檀云龙宝座

印度紫檀

简介

印度紫檀，别名花榈木、榈木、羽叶檀、蔷薇木、黄柏木、青龙木、赤血树。印度紫檀属于落叶大乔木，最高可达 25 米，树皮黑褐色，树干通直而下滑。叶互生，奇数羽状复叶，下垂；小叶互生，先端锐尖，基部钝形，托叶线形，早落。花金黄色，蝶形，腋生总状花序或圆锥花序，有香味。花期4-5个月，果期8-10个月，可于坡地疏林中栽培。

紫檀雕狮子戏球一对

印度紫檀喜高温多湿，日照充足之地；树性强健，成长快速，绿荫遮天，为园景树、行道树之高级树种；主要以枝插或高压法进行繁殖。

紫檀雕喜鹊登梅插屏　　　　　　　　　紫檀云龙纹扁瓶

特征

印度紫檀的木质结构呈半环孔材或散孔材,生长年轮十分明显,芯材呈红褐、深红褐或金黄色,常带深浅相间的深色条纹;可见划痕;水浸出液深黄褐色,有荧光。管孔在生长轮内部,弦向直径最大 258 微米,平均 141 微米;常含黄色沉积物。轴向薄壁组织丰富,在放大镜下明显,主为同心层式傍管窄带状、聚翼状及细线状。

印度紫檀纤维壁薄至厚,放大镜下可见木射线,波痕在放大镜下明显;射线组织同形单列。

紫檀雕云龙纹宝座

紫檀云纹平头案

印度紫檀的新切面有微弱香气,结构精细,纹理斜至略交错,有著名的 Amboyna 树包花纹;气干密度为 0.53-0.94 克 / 立方厘米。

大果紫檀

简介

大果紫檀主要产自缅甸、泰国和老挝等地。大果紫檀芯材形成比较晚,通常需要 20 年左右才会开始长芯材。因此,人工种植的大果紫檀,一般都需要 30 年以上才能够砍伐。

大果紫檀的适应性非常强,在我国热带,南亚热带的红壤、砖红壤、沿海沙土、冲积土当中能够良性生长,非常适合在我国北回归线以南地区造林。大果紫檀拥有固氮能力,能够从根本上改善土壤质量,也可应用于我国热带、南亚热带地区退化地的林分改造。

大果紫檀属落叶树种,喜温暖、湿润的热带气候,耐低温,能安全度过 0℃以下的寒冬。大果紫檀可以用落叶来度过干旱以及低温期;在温暖湿润的环境中,落叶期的时间会减少,使其可以更快生长。夏季是大果紫檀生产的最高峰。大果紫檀通常能够长到 20-30 米,直径可达 23 厘米,最大甚至可以达到 32 厘米。

紫檀二胡

紫檀仿树瘿纹笔筒

紫檀浮雕春夏秋冬四条屏

特征

大果紫檀的木质结构呈散孔材,半环孔材倾向明显,生长轮十分明显,芯材多为橘红、砖红或紫红色,常带深色条纹;划痰十分明显;木屑水浸出液浅黄褐色,荧光弱或无。

大果紫檀的管孔在生长轮内部者较大,用肉眼就能够看到;弦向直径最大269微米,平均1.27微米,常含黄色沉积物。轴向薄壁组织在肉眼下明显,主

紫檀浮雕罗汉臂搁

紫檀整挖卷云纹六方木托

为同心层式傍管带状。大果紫檀的木纤维壁厚,在放大镜下能够看到木射线,波痕在放大镜下略明显或明显;大果紫檀香气浓郁,结构细,纹理交错,气干密度为 0.80-0.86 克/立方厘米。

囊状紫檀

紫檀浮雕人物笔筒

简介
囊状紫檀又称马拉巴紫檀,主产于印度。

特征
囊状紫檀的木材结构呈散孔材,半环孔材倾向明显,生长轮十分明显,芯材为金黄褐或浅黄紫红褐色,常带深色条纹;难见划痕,木屑水浸出液红褐色,有荧光。管孔在生长轮内部者较大,通常情况下用肉眼就能够观察到,弦向直径最大 344 微米,平均 174

紫檀高浮雕梅兰竹菊四方画筒

紫檀葫芦万代太师椅

微米。轴向薄壁组织在肉眼下明显，主为同心层式傍管带状及细线状。囊状紫檀纤维壁略厚，直径最大 20 微米。在放大镜下，能够看到囊状紫檀的木射线，波痕在放大镜下略明显或明显。

囊状紫檀香气无或很微弱；结构细，纹理交错；气干密度为 0.75-0.80 克/立方厘米。

鸟足紫檀

简介

鸟足紫檀俗称东南亚花梨、老挝花梨。东南亚花梨属于大型乔木，最高可达 20-30 米，直径可达 50-80 厘米。东南亚花梨主要产自柬埔寨、缅甸等国。鸟足紫檀荧光现象在花梨木中最为显著。它是打造深色名贵硬木家具的上等好料，其芯材呈红褐至紫红褐色。

鸟足紫檀硬度大、强度高、耐腐、切面光滑。非常适合制作地板、高档家具以及工艺品。另外，中医学指出鸟足紫檀的香气能够平心静气、杀菌止痒。

紫檀花卉纹印泥盒一对

特征

木材散孔材，半环孔材倾向明显；生长年轮颇明显；芯材为红褐至紫红褐色，常带深色条纹，划痕未见，木屑水浸出液荧光明显；木材香气显著。单管孔及少数2-3个径列复管孔，部分管孔内含树胶。导管分子、木纤维、轴向薄壁组织、木射线均叠生。导管分子单穿孔，管间纹孔式互列，系附物纹孔。在放大镜下能够看到其叠生的木射线。管孔在生长轮内部者较大（但所占生长轮的比例较小），在肉眼下颇明显；含树胶；弦向直径最大284微米，平均143微米；轴向薄壁组织在肉眼下明显；主干为同心层式傍管窄带状、聚翼状及细线状。木纤维壁厚，木射线在放大镜下可见，波痕亦然；射线组织同形单列；香气浓郁，结构细，纹理交错，气干密度为0.96-1.01克/立方厘米。

紫檀九龙插屏

上篇——紫檀,木中坚者

紫檀精品欣赏

紫檀方形笔筒

基本信息

制作年代：清朝
制作材质：紫檀
规格尺寸：12厘米×12厘米×17厘米
风格特点：简约

特征说明

筒为紫檀所制，笔筒多圆形，方形较少见。此件笔筒由五块紫檀组合而成，笔筒简洁素雅，文人气十足，木纹清晰，牛毛纹明显。平淡素雅是古代文人士大夫一生的追求。

星语鉴赏

整体构造：★★★★★★★
工艺制作：★★★★★★
收藏指数：★★★★★★★
投资指数：★★★★★★

紫檀笔架山

基本信息

制作年代：清朝
制作材质：紫檀
规格尺寸：长 18 厘米；高 11.5 厘米
风格特点：经典

特征说明

笔架山为紫檀所制，整体雕刻呈假山状，假山上又雕竹子和松树。象征高风亮节、古雅正气，为文房用品之精品。

星语鉴赏

整体构造：★★★★★★★　　工艺制作：★★★★★★
收藏指数：★★★★★★　　投资指数：★★★★★★

紫檀夔凤纹翘头案

基本信息

制作年代：明朝

制作材质：紫檀

规格尺寸：223 厘米 ×55 厘米 ×83.5 厘米

风格特点：古典

特征说明

案通体为紫檀制作，两端翘头，四角攒边框镶板心桌面。牙头与牙条为一木连做，腿与牙条为夹头榫架构，牙上浮雕有夔凤纹。方直腿，正面雕双皮条线，腿间有挡板，挡板开光，带有托泥，托泥厚重，为明代经典样式。

星语鉴赏

整体构造：★★★★★★

工艺制作：★★★★★★★★

收藏指数：★★★★★★

投资指数：★★★★★★★

紫檀镂雕草龙杯

基本信息

制作年代：清朝
制作材质：紫檀
规格尺寸：高 8 厘米
风格特点：经典

特征说明

紫檀镂雕草龙杯，杯壁通体镂雕草龙，雕工精湛，草龙形象生动、栩栩如生，在民间草龙被认为能大能小，极为善变，能驱邪避灾。此对草龙杯是难得的紫檀精品。

星语鉴赏

整体构造：★★★★★★
工艺制作：★★★★★
收藏指数：★★★★★★
投资指数：★★★★★

紫檀官皮龙纹箱

基本信息

制作年代：清朝
制作材质：紫檀
规格尺寸：34 厘米 ×27.5 厘米 ×36 厘米
风格特点：古雅

特征说明

此官皮箱呈规整的长方器型，箱盖与箱体相互扣合，顶盖开启为规整长方形，可存放日用梳妆用具，也可收纳小件玉器、印章等。中间拉门开启见内两层抽屉，上层左右两屉并排，布局紧凑，毫无凌乱之感。紫檀色调深沉，显得稳重、大方、美观。

星语鉴赏

整体构造：★★★★★★
工艺制作：★★★★★★
收藏指数：★★★★★★
投资指数：★★★★★★

官造紫檀嵌百宝玛瑙髓围棋

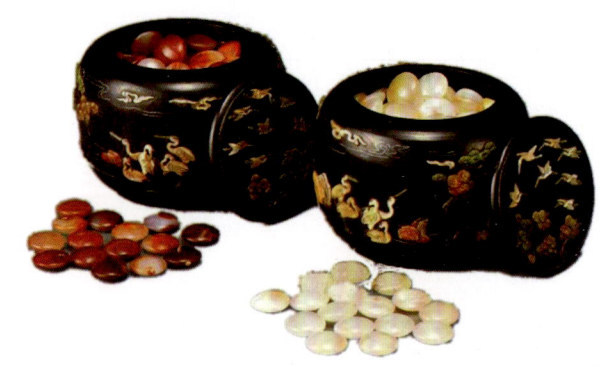

基本信息

制作年代：清朝
制作材质：紫檀
规格尺寸：尺寸不一
风格特点：典雅

特征说明

盖面图案是以螺钿、玉石、珊瑚、染牙等材料镶嵌而成，形成红、绿、青、黄、白等多种颜色，在紫檀的衬托下越发鲜明夺目，这也正是百宝嵌工艺独有的装饰效果。腹部图案是以螺钿密镶嵌而成，虽用色不多，仅红、绿、黄、白四色，但层次细密，形成色调丰富的画面。

星语鉴赏

整体构造：★★★★★★　　工艺制作：★★★★★★
收藏指数：★★★★★★　　投资指数：★★★★★★

上篇——紫檀，木中坚者

剔红嵌百宝紫檀座插屏

基本信息

制作年代：清朝
制作材质：紫檀
规格尺寸：120厘米×40厘米×119厘米
风格特点：古雅

特征说明

此插屏底座为紫檀，木质光彩幽深沉稳，包浆莹润古雅，底部雕饰双龙戏珠纹，底座与屏心之间嵌百宝博古纹，寓意吉祥美好。插屏的屏心分为正面和背面，正面主体以红漆为地，上嵌螺钿，玉件等百宝，雕饰荷塘鸳鸯戏水图。屏心背面为琴箫合鸣图，绿荫下，幽亭河畔，两老者琴箫合奏，与天地万物相融，沉浸于这动听的旋律中。

星语鉴赏

整体构造：★★★★★★
工艺制作：★★★★★★
收藏指数：★★★★★★★
投资指数：★★★★★★

紫檀条桌

基本信息

制作年代：清朝
制作材质：紫檀
规格尺寸：113厘米×38厘米×82厘米
风格特点：质朴

特征说明

紫檀条桌呈长方，面攒框镶板，冰盘沿下束腰，四周牙板精雕纹饰。雕刻精细，直腿内翻马蹄足，余则无过多雕饰，充分显示紫檀的纹理美。

星语鉴赏

整体构造：★★★★★
工艺制作：★★★★★★
收藏指数：★★★★★★
投资指数：★★★★★★

拓展延伸

家具的体型发展基本由矮至高，故桌于唐宋风尚时，早称为"桌"，取"高"之意。条桌既可靠墙陈设，上置文玩，又可摆放在屋子中央，用来分割室内空间，是明式家居环境中不可缺少的家具。

上篇——紫檀，木中坚者

紫檀束腰画桌

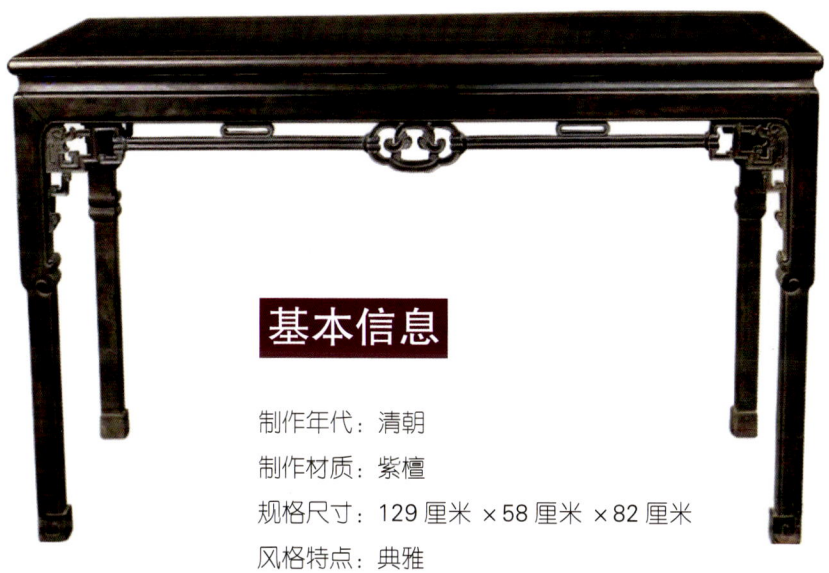

基本信息

制作年代：清朝
制作材质：紫檀
规格尺寸：129厘米×58厘米×82厘米
风格特点：典雅

特征说明

紫檀束腰画桌选用紫檀料，面攒框镶板，边抹，束腰打窟，牙板光素，绳纹牙条上置环形矮老，两侧挂拐子龙纹牙头，直腿中部展云翅，内翻小马蹄。画桌做工精细，用材精良，包浆亮丽，保存完好。

星语鉴赏

整体构造：★★★★★★★★
工艺制作：★★★★★★★
收藏指数：★★★★★★★
投资指数：★★★★★★★

紫檀拐子龙纹大翘头案

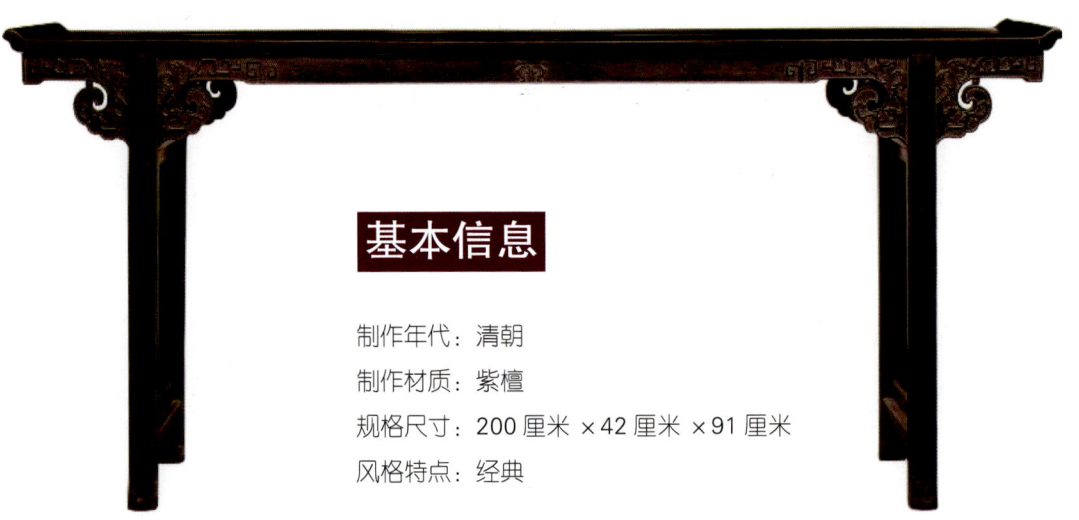

基本信息

制作年代：清朝

制作材质：紫檀

规格尺寸：200厘米×42厘米×91厘米

风格特点：经典

特征说明

　　紫檀拐子龙纹大翘头案选紫檀料制，夹头榫构造，而攒边装板。面板上安外翻翘头，无束腰，起冰盘沿。牙板雕螭龙纹，轮廓曲线自然地与腿相接，腿足外撇，两侧腿间安档板。通体色泽古朴，包浆莹润，线条流畅有力，刀法圆熟自如。样式简洁大方，做工极为精细。

星语鉴赏

整体构造：★★★★★★★

工艺制作：★★★★★★★

收藏指数：★★★★★★★

投资指数：★★★★★★★

紫檀圆包圆书桌

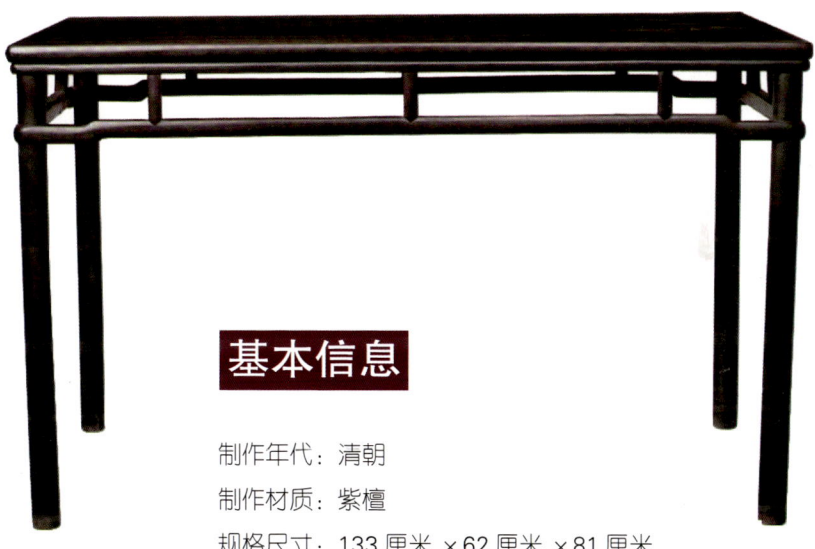

基本信息

制作年代：清朝
制作材质：紫檀
规格尺寸：133 厘米 ×62 厘米 ×81 厘米
风格特点：质朴

特征说明

　　紫檀圆包圆书桌选用紫檀料而制，包浆厚重，周身光素无饰，以凸显纹理之美。无束腰，罗锅枨牙条包腿，其上安双环卡子花，圆柱腿平足，整体简洁流畅，古朴端庄。

星语鉴赏

整体构造：★★★★★★★★
工艺制作：★★★★★★★★
收藏指数：★★★★★★★★★
投资指数：★★★★★★★

紫檀加高博古纹平头案

基本信息

制作年代：清朝
制作材质：紫檀
规格尺寸：144厘米×42厘米×84厘米
风格特点：典雅

特征说明

此案子造型舒展大方，格调清新高雅，制作规整考究，选料精良，充分展现出内敛含蓄的文人精神。紫檀平头案四平式，四面有工。画桌的造型强调功能性，无过多装饰，桌面下空间敞亮，其目的是便于挥毫。

星语鉴赏

整体构造：★★★★★★★
工艺制作：★★★★★★★
收藏指数：★★★★★★★
投资指数：★★★★★★★

紫檀龙纹翘头案

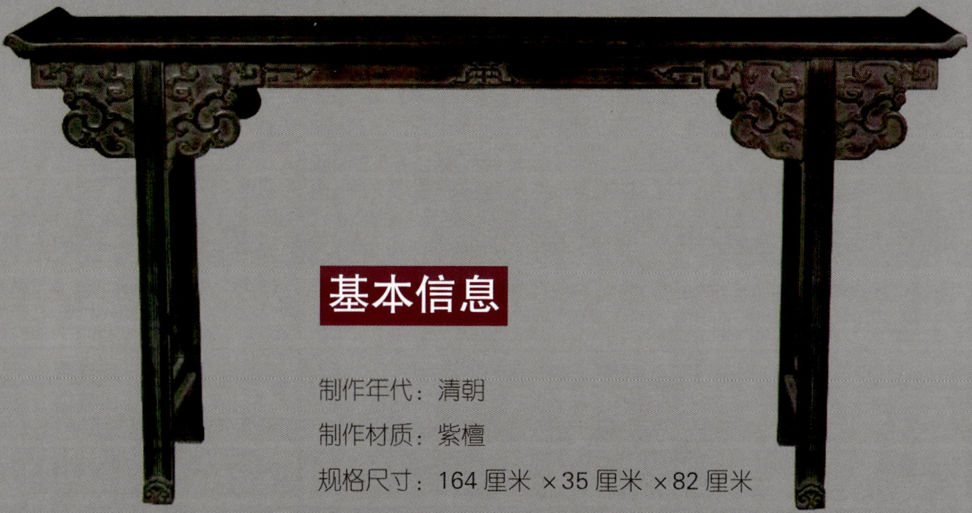

基本信息

制作年代：清朝
制作材质：紫檀
规格尺寸：164厘米×35厘米×82厘米
风格特点：古典

特征说明

案为紫檀制，夹头榫构造，而攒边装板。面板上安外翻翘头，无束腰，起冰盘沿。牙板雕螭龙纹，无束腰，面下刀字型直牙条起阳线，撇足香炉腿，正中起两柱香线，上端开口，嵌夹牙条。

星语鉴赏

整体构造：★★★★★★
工艺制作：★★★★★★★
收藏指数：★★★★★★★
投资指数：★★★★★★

大叶紫檀托泥束腰开光香几

基本信息

制作年代：近代
制作材质：大叶紫檀
规格尺寸：84厘米×38厘米×79厘米
风格特点：经典

特征说明

  此香几造型独特，冰盘沿面框下端起阳线，四角作委角。束腰较高，正、侧两面开海棠式透光，沿透光边起阳线。牙条向外抛出较大弧线。四足与牙板、束腰、几面斜攒腿中间起凹线，与面框四角委角相呼应，足端安裁榫与托泥结合。

星语鉴赏

整体构造：★★★★★	工艺制作：★★★★★
收藏指数：★★★★★	投资指数：★★★★★

上篇——紫檀，木中坚者

大叶紫檀束腰三弯脚圆香几

基本信息

制作年代：不详
制作材质：大叶紫檀
规格尺寸：直径 58 厘米；高 86 厘米
风格特点：古典

特征说明

此几尺寸硕大，托腮上满雕 78 个藏传佛教中的符状莲花纹，牙板刻有云纹，六腿面上也雕有云纹或雷纹，纹饰疏密错落有致，刀法细腻。就器态而言，纹饰虽多，却有神斧之工。典雅华贵，沉稳庄穆，圆浑中尽显大气，正是其所展现的意趣。

星语鉴赏

整体构造：★★★★★★★
工艺制作：★★★★★★
收藏指数：★★★★★★★
投资指数：★★★★★★★

大叶紫檀鼓腿彭牙玫瑰式禅椅

基本信息

制作年代：不详

制作材质：大叶紫檀

规格尺寸：96厘米×62厘米×84厘米

风格特点：典雅

特征说明

此具禅椅搭脑和扶手以挖烟袋锅的造法与前、后腿相接。椅背直牙子正反两面沿边起线，下有一横枨，枨子与椅面施以八根矮老出榫接入。两边扶手装有相似枨子和矮老。整器唯一雕饰为牙板正中的双卷草纹，左右两边和后方也装有相似牙条。此禅椅整体素静空灵，与打坐者静坐悟定的心境相得益彰。

星语鉴赏

整体构造：★★★★★★★

工艺制作：★★★★★★

收藏指数：★★★★★★★

投资指数：★★★★★★★

紫檀的鉴赏与估价

容易和紫檀混淆的檀木

刀状黑黄檀

简介

刀状黑黄檀,又名缅甸黑酸枝,主要产自缅甸、老挝等地。

紫檀嵌八宝"安居乐业"盖盒

特征

刀状黑黄檀，散孔材，生长轮浅显，难以用肉眼看到，芯材新切面为紫黑或紫红褐，常带深褐或栗褐色条纹。用肉眼可看到刀状黑黄檀的管孔，弦向直径最大 182 微米，平均 118 微米。轴向薄壁组织较多，在肉眼下明显，主为同心层式波浪形，傍管带状及细线状。刀状黑黄檀的木纤维壁厚，在放大镜下可看到木射线，波痕在放大镜下可见。刀状黑黄檀结构细，纹理颇直。刀状黑黄檀的气干密度为 0.89-1.14/ 立方厘米。

紫檀麻将桌

下篇——紫檀,木中坚者

黑黄檀

简介

黑黄檀,又被称为版纳黑檀,最高可长到 18 米,直径有 50 厘米。属双子叶植物。由于过度利用和毁林开荒,森林受到严重破坏,多数中龄树和幼树难以长大成材,植株数量越来越少。

黑黄檀现为国家二级保护植物,属于十分稀有的树种。黑黄檀属于乔木,主要产自云南的普洱、勐腊、景洪中山地带次生杂木林或次生阔叶林中。

紫檀嵌百宝花鸟六角果盒

紫檀嵌百宝笔筒

109

特征

黑黄檀树皮厚,平滑或条块状剥落,褐灰色至土黄色。奇数羽状复叶,长10-13厘米;小叶互生,椭圆形,先端钝或微缺。圆锥花序腋生,长5-6厘米;花小,蝶形,长6-8毫米;花瓣白色;雄蕊9,连成单体;子房俱长柄。果舌状,长4-8厘米,宽1-1.5厘米。

黑黄檀,散孔材,生长轮十分浅显。黑黄檀的芯材新切面为紫褐、黑褐或栗褐色,常带明显的紫或黑褐色窄条纹。在肉眼下,能够看到黑黄檀的管孔,弦向直径最大275微米,平均143微米;含黑色树胶;轴向薄壁组织颇明显,主为同心层式窄带状。木纤维壁甚厚。在放大镜下,能够看到黑黄

紫檀嵌贝大地镜

紫檀嵌百宝松鹤纹书盒

上篇——木中坚者紫檀

檀的木射线，波痕也能够在放大镜下看到。

黑黄檀无酸香气或很微弱，结构细，纹理斜或交错。黑黄檀气干密度为 1.04-1.20 克/立方厘米。

黑黄檀，花纹瑰丽、耐久，并且不开裂，是一种非常好的硬木原料，属国产木材之珍品，非常适宜用来制作高级管弦乐器、家具以及一些工艺美术雕刻品等。

阔叶黄檀
简介

阔叶黄檀为落叶乔木，树高可达 20-40 米，胸径 1.5-2.0 米。阔叶黄檀是一种经济价值非常高的树种，在国际市场上通常称它为印度玫瑰木。阔叶黄檀主

紫檀嵌大理石砚屏

紫檀嵌贝半桌一对

紫檀嵌贝大理石太师椅一对

要用于制作高级家具和装饰材料以及医药用途等。

在台湾，习惯将阔叶黄檀称"广叶黄檀"或"广叶紫檀"；在广东地区习惯将阔叶黄檀称为"油酸枝"；在家具行业当中，印度产的阔叶黄檀在上海等地俗称"紫花梨"；在印度，阔叶黄檀被叫做西采、比蒂、希沙姆、孟买黑木、东印度玫瑰木、印度巴里桑、马拉巴尔；在印度尼西亚，阔叶黄檀被叫做爪哇巴里桑、索诺克凌、索诺布里茨。

紫檀嵌碧玉经文罗汉笔筒

上篇——紫檀，木中坚者

紫檀嵌黄杨、象牙器物座

特征

阔叶黄檀主要分布在亚洲的季风雨林中，喜生长于潮湿而排水性好的深色土壤或石灰质黏土中。成熟的树木耐干旱和地表火，适宜温度0℃-5℃，湿度40%-100%，生长于低矮平原至海拔1500米山地，常与柚木、榄仁树、宽叶榆绿木、竹林混生。

紫檀嵌象牙花鸟纹挂屏

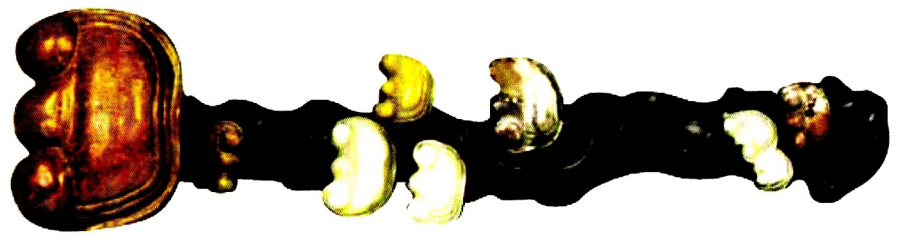

紫檀嵌寿山石如意纹摆件

阔叶黄檀树径多在20-40厘米间；边材2-4厘米厚；树表常见1-5厘米长、1厘米宽小死结，被人形象地称为"老虎抓"；锯末、新切面有酸味，芯材耐腐、无虫蛀。

在肉眼下，能够清晰看到黑黄檀的管孔；黑黄檀的弦向直径最大267微米，平均144微米；黑黄檀的轴向薄壁组织颇明显，主为环管束状、聚翼状及波浪形窄带状。黑黄檀的木纤维壁薄至略厚，在放大镜下，能够看到木射线，也能够看到波痕。

紫檀嵌象牙门神一对

东非黑黄檀
简介

东非黑黄檀，又名乌木、黑檀、紫光檀、黑紫檀、非洲黑檀、犀牛角紫檀、莫桑比克黑檀、紫光檀、塞内加尔黑檀。

东非黑黄檀属于落叶小乔木，主要分布在非洲东部的坦桑尼亚、塞内加尔、

上篇——紫檀,木中坚者

紫檀嵌象牙七星洗

莫桑比克等地的热带雨林当中。

东非黑黄檀原木外形难看,扭曲而多中空,并且加工起来非常麻烦,出材率低,大多为直纹,纹理均匀细密;略显油性,边材窄,呈白色至淡黄色,芯材呈深紫褐色,伴有黑色条纹。

东非黑黄檀非常适合用来制作佛珠、佛像、手镯、

紫檀嵌象牙山水人物插屏

手链、办公摆件、配饰、汽车挂件、老板金笔、乐器、手链以及高级家具等。

东非黑黄檀是当今最硬的木材,芯材深紫褐色至近黑色、带黑条纹。其切面滑润,棕眼稀少,肌理紧密,油质厚重。木纹清晰而富有变化,被人们称为"帝

王之木"。用东非黑黄檀制作的器物，不需要上漆，就能够呈现出一种幽幽的自然光泽，并且鲜艳无比。东非黑黄檀的黑色花纹犹如名山大川，如行云流水，令印象派大师自叹不如。

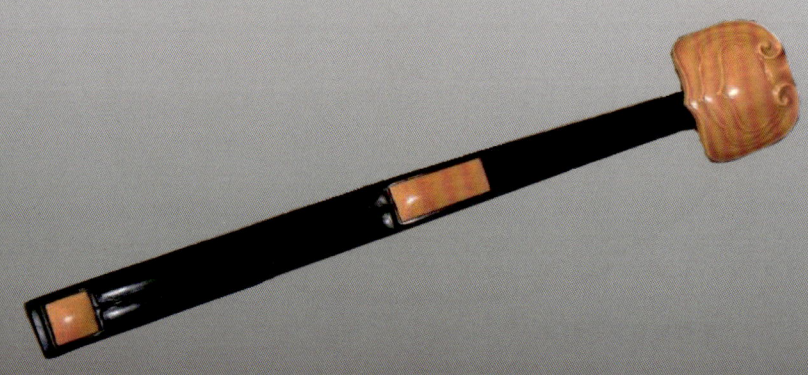

紫檀嵌象牙如意

紫檀嵌银丝百宝龙纹首饰盒

紫檀嵌牙烟壶盒

特征

东非黑黄檀纹理通常直，散孔材，生长轮浅显，用肉眼能够看到管孔，弦向直径最大 133 微米，平均 72 微米。东非黑黄檀轴向薄壁组织较少，在肉眼下难以看见，主为离管型，星散聚合、细线状及聚翼状。东非黑黄紫檀纤维壁甚厚，木射线放大镜下可见，波痕亦然，射线组织同形单列及多列。

东非黑黄檀的气味清淡，没有人们常说的酸香或辛辣味，用舌尖舔，木材无滋味。在白纸上稍微用力划，能够看到褐色条纹，

紫檀嵌玉梅兰竹菊八方笔筒

用水浸泡可出茶褐色的色素；用酒精浸泡，能够看到一缕缕的黑褐色素，并且，这些色素在短时间内不会散开，形状非常清晰。

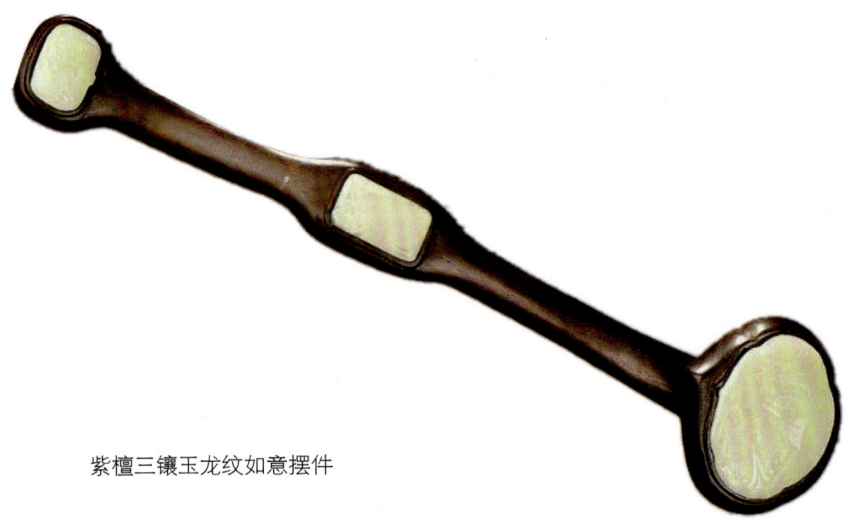

紫檀三镶玉龙纹如意摆件

东非黑黄檀材质非常重,硬度也很高,强度、抗震性能高,抗腐蚀性高,物理性质十分稳定,不易翘曲变形。东非黑黄檀的气干密度为1.25-1.33克/立方厘米。

巴西黑黄檀

简介

巴西黑黄檀,属于大乔木,树高可达38米,直径0.9-1.2米。巴西黑黄檀产于巴西,常生长在沿河两岸阔叶林中。

巴西黑黄檀的干燥性能良好,并且十分便宜。巴西黑黄檀的木材耐腐,能抗虫害,木材加工性能良好,但手工加工颇困难。巴西黑黄檀主要用于生产高级家具、细木工、乐器、装饰单板、车工制品、室内装修、工具柄等。

一直以来,巴西黑黄檀都是制作吉他的最好材料,很多国际名牌吉他都是用巴西黑黄檀制作的。极为低端的吉他,则选用阔叶黄檀代替。此外,巴西黑黄檀也被用来大量生产家具。如今,在市场上的巴西黑黄檀并不多,很难买到正品。

特征

巴西黑黄檀的生长轮非常明显,芯材呈黑褐、巧克力色至紫褐色,常带有明显的黑色窄条纹。巴西黑黄檀的管孔在肉眼下能够看到,弦向直径最大287微米,平均143微米。在放大镜下,能够看到轴向薄壁组织。主为离管型,环管束状及窄带状,星散聚合、聚翼状,常多于微凹黄檀。

巴西黑黄檀纤维壁由薄至厚,在放大镜下能够看到木射线,波痕在放大镜下也能够明显看到。巴西黑黄檀的新切面酸香气浓郁,结构细,纹理交错。巴西黑黄檀的气干密度为0.86-1.01克/立方厘米。木材具光泽;无特殊气味;新切面略具甜味;纹理直,有时波状;结构细而均匀;木材重;干缩率甚大;强度高。

紫檀嵌玉石五福捧寿盖盒

亚马逊黄檀

简介

亚马逊黄檀主产于巴西。根据其材质的特性，亚马逊黄檀能够用来制作家具以及部分工艺品。在今天的市场上，很难看到真正的亚马逊黄檀。因此，在选择购买亚马逊黄檀家具的时候，最好找专业人士做鉴定。

特征

亚马逊黄檀，散孔材，生长轮十分明显，芯材呈红褐、深紫灰褐色，常带黑色条纹。在肉眼下，能够看到管孔，弦向直径最大323微米，平均192微米。亚马逊黄檀的轴向薄壁组织在放大镜下能够明显看到细线状、环管束状。亚马逊黄檀的木纤维壁甚厚，在放大镜下能够清楚看到木射线，波痕在放大镜下则不十分明显。亚马逊黄檀新切面的酸香气无或很微弱，结构细，纹理直至略交错。亚马逊黄檀的气干密度为0.90克/立方厘米。

紫檀三星插屏

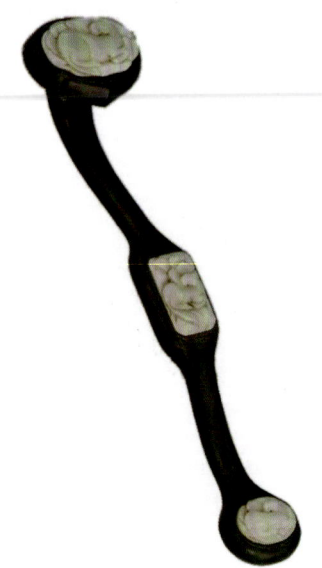

紫檀三镶玉如意摆件

上篇——紫檀 木中坚者

伯利兹黄檀

简介

伯利兹黄檀，主要产自中美洲的伯利兹，属于大乔木，最高可达 30 米，直径 0.9 米。伯利兹黄檀的主干常具凹槽，距地面 7 米高左右常分枝。伯利兹黄檀产于伯利兹，一般生长在沿河两岸及干旱地区。

紫檀山形笔架连座印盒连绿端砚连盒

伯利兹黄檀的木材光泽明显，新鲜切面略具香气，久则消失，滋味不明显或略苦。强度高。伯利兹黄檀有明显开裂倾向，因此建议进行窑干。伯利兹黄檀天然耐腐性强，不过抗蚁性能一般，十分容易加工。

特征

伯利兹黄檀，木材为半环孔材，芯材呈浅红褐色，具深浅相间条纹，生长轮十分明显。在放大镜下，能够清楚地看到管孔；伯利兹黄檀的轴向

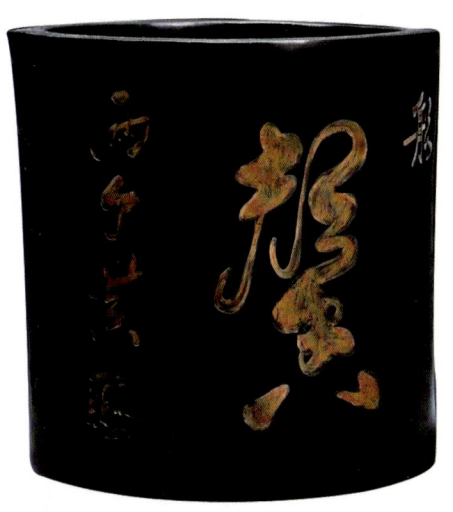

紫檀诗文笔筒

紫檀松树仙鹤圆盖盒

薄壁组织丰富；在放大镜下，能够看到木射线，波痕在放大镜下略明显。

伯利兹黄檀的导管横切面为圆形及卵圆形，部分略具多角形轮廓；单管孔及径列复管孔，少数管孔团；最大弦径 312 微米，平均 82 微米；导管分子平均长 184 微米。

伯利兹黄檀的轴向薄壁组织有疏环管状、聚翼状、翼状、带状、星散聚合状、轮界状；分室含晶细胞量多，内含菱形晶体达 12 个或以上。

伯利兹黄檀的纹理直至略交错；木材结构细，较为均匀；基本密度为 0.75–0.88 克/立方厘米，气干密度为 0.93–1.19 克/立方厘米。

紫檀桃形弥勒摆件

紫檀提梁格盒

卢氏黑黄檀

简介

卢氏黑黄檀,俗称为大叶紫檀、玫瑰木,原产地为马达加斯加,主要产自马达加斯加群岛北部、东北部。

紫檀贴黄杨福寿纹盖盒

特征

卢氏黑黄檀散孔材,生长轮不十分明显;芯材新切面呈桔红色,久则转为深紫或黑紫。卢氏黑黄檀的管孔用肉眼能够清楚看到,弦向直径最大为206微米,平均149微米。卢氏黑黄檀的轴向薄壁组织在放大镜下明显,主为同心层型式细线,且排列规整;木纤维壁厚。

紫檀贴黄杨云龙纹画盒

卢氏黑黄檀的木射线在放大镜下清晰可见,波痕则不是那么明显。卢氏黑黄檀新切面酸香气微弱,结构细密,纹理交错复杂。卢氏黑黄檀的气干密度为0.95克/立方厘米。

紫檀围棋盒

交趾黄檀

简介

交趾黄檀,俗称大红酸枝、柬埔寨檀。交趾黄檀物种由法国人让·巴普蒂斯·路易·皮埃尔和让·马里·安托万·德·兰尼桑在1886年命名。皮埃尔为法国著名植物学家,以关于亚洲热带地区的植物学研究而著名;德·兰尼桑为法国政治军事专家,在医学和自然学方面有很高造诣。

交趾黄檀开锯时,木材散发一种辛香,闻之有酸辛味。颜色一般为赤红色和深红色,在空气中氧化可呈暗红色。木质坚而重,结构细腻、油质重,可沉于水。棕眼细、小而密。其纹理质朴美观,优雅清新,有深褐色或黑色直丝状条纹。

紫檀文房三件

上篇——紫檀,木中坚者

紫檀镶八宝高浮雕云福万事如意方盒

特征

交趾黄檀,散孔材,生长轮不明显或略明显,芯材新切面呈紫红褐或暗红褐,常带黑褐或栗褐色深条纹。交趾黄檀的管孔用肉眼能够清晰看见,含黑色树胶。交趾黄檀的弦向直径最大为 244 微米,平均 104 微米。交趾黄檀的轴向薄壁组

紫檀镶白玉对联

紫檀镶白玉透雕仕女纹蒲扇

125

织颇明显，主为同心层式细线状，稀翼状。

交趾黄檀的木纤维壁甚厚，木射线在放大镜下清晰可见，波痕在放大镜下也清晰可见。交趾黄檀有酸香气，结构紧密，纹理通常直。交趾黄檀的气干密度为 1.01-1.09 克/立方厘米。

绒毛黄檀

简介

绒毛黄檀，又称郁金香木，主要产自巴西东北部。因为密度大，因此绒毛黄檀的加工难度非常高，对刀具有钝化效果。并且，绒毛黄檀当中还含有天然油脂，胶合不易。不过，绒毛黄檀的车旋性能非常好，十分适合高亮度的抛光。

目前，绒毛黄檀经常被用于生产贴面，精细镶嵌，艺术品，打击乐器，小型车旋等。

紫檀镶宝石笔洗

特征

绒毛黄檀，木材为散孔材至半环孔材，芯材新切面呈浅褐色至栗褐色。绒毛黄檀的生长轮明显，管孔在肉眼下清晰可见，在放大镜下较为明显。绒毛黄檀的轴向薄壁组织在放大镜下明显，有环管状、翼状及轮界状、星散聚合状。绒毛黄檀的木射线在放大镜下能够看到，并且波痕略见。

紫檀镶螺钿花鸟笔筒

绒毛黄檀的导管横切面呈卵圆形，部分略具多角形轮廓。绒毛黄檀的最大直径为 292 微米，平均 170 微米。绒毛黄檀的木纤维壁厚，部分纤维含树胶。

紫檀镶云石柜

中美洲黄檀

简介

中美洲黄檀，主要产自墨西哥等中美洲地区。

特征

中美洲黄檀，散孔材，生长轮较为明显。中美洲黄檀的芯材新切面呈暗红褐、桔红褐至深红褐色，能看到常带黑色条纹。管孔在肉眼下可见，含树胶。中美

紫檀印泥盒

紫檀婴戏图拜匣

紫檀玉扇

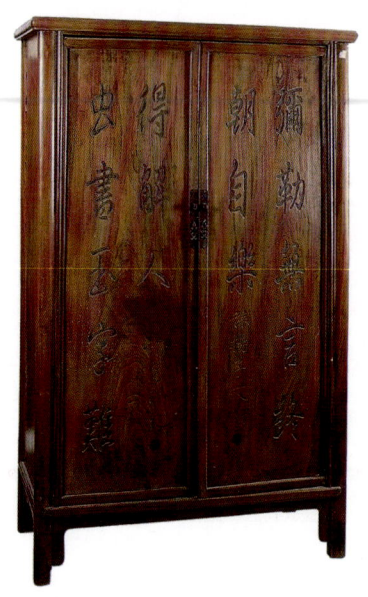

紫檀圆角柜

洲黄檀的弦向直径最大为 264 微米，平均 199 微米。

在放大镜下，中美洲黄檀的轴向薄壁组织较为明显，呈现出星散聚合、聚翼状、环管束状及窄带状或细线状。中美洲黄檀的木纤维壁厚，在放大镜下能够清晰看到木射线，波痕在放大镜下则显得不是那么明显。中美洲黄檀的新切面气味辛辣，木质结构细，纹理直或交错复杂。中美洲黄檀的气干密度为 0.98-1.22 克/立方厘米。

奥氏黄檀

简介

奥氏黄檀主要产自缅甸、泰国以及老挝等地。奥氏黄檀光泽明显，并且强度高、硬度大、耐腐蚀性强、抗虫性也很高。由于奥氏黄檀的硬度大，结构细，因此加工略困难；不过，精加工后奥氏黄檀的木材表面能够呈现出光泽，且光滑无比。目前，奥氏黄檀一般被用于制作高级家具、工艺品雕刻、装饰单板、运动器材等。

奥氏黄檀，原有奥利黄檀、差紫黄檀、花黄檀、榄色黄檀、紫黄檀、吐里木、白酸枝、新红木、花酸枝特玛兰、缅甸红酸枝、秦婵、缅甸黄檀、差紫黄檀、滨紫檀、滨黄檀、花黄檀、奥利黄檀、榄色黄檀等。而中国的台湾，则称之为"缅甸黄檀""滨黄檀""滨紫檀"。此外，为了区别于交

紫檀折叠龙纹椅

五彩缠枝花卉纹瓶连紫檀云石底座

趾黄檀"老红木",还有人称之为"新红木"。

特征

奥氏黄檀芯材新切面呈浅红色至深红褐色,常带明显的黑色条纹,生长轮明显。在肉眼下,能够清楚看到奥氏黄檀的管孔。奥氏黄紫檀材的导管中常含黄褐至红褐色树胶,轴向薄壁组织丰富,肉眼下呈带状、翼状,与木射线交叉呈网状,结构略明显。奥氏黄檀的木纤维壁厚,在放大镜下能够清楚看到木射线,波痕在放大镜下也十分明显。奥氏黄檀的气干密度为 1.00 克/立方厘米。

奥氏黄檀为散孔材,有半环孔材趋势,导管横切面近卵圆形,导管中含有树胶或沉积物。奥氏黄檀的薄壁组织主要为同心层式细带状、聚翼状及星散状,木纤维壁厚。木射线和波痕在放大镜下可见。新切面有酸香气;结构细密;纹理通常直或交错。

微凹黄檀
简介

微凹黄檀，俗称可可波罗，可以生长高达 20-25 米。微凹黄檀只产自中美洲的伯利兹、墨西哥、萨尔瓦多、哥斯达黎加、洪都拉斯、危地马拉、尼加拉瓜和巴拿马等地。

微凹黄紫檀材刚刨切的时候呈黄红色，但因油性很大，很快被氧化为橙红色，并有深黑色条纹，类似于老挝红酸枝的黑筋。微凹黄檀的颜色变化，一直要到 3 个月后才能够稳定下来。

微凹黄紫檀质坚硬、细腻，密度较大，与交趾黄檀的密度相当。由于人们对微凹黄檀的过度砍伐，现在的微凹黄檀已经为濒危物种，受到《濒危野生动植物种国际贸易公约》的保护。除了国家公园、保护区及种植地以外，很难在地球上的其他地方看到它。

小叶紫檀鸟笼

紫檀嵌白玉诗文座屏

竹雕花镶紫檀

上篇——紫檀,木中坚者

特征

微凹黄檀的木材属于硬木,一般只开采其芯材。微凹黄檀的芯材呈橙色或红褐色,有深色不规则的纹理。微凹黄檀的表面及质感呈油性,耐水性非常强,故可制成手枪及刀的把手。微凹黄紫檀非常坚硬、纹理纤细及密度高,不过很容易加工,用它制作出来的乐器,一般都能够发出清脆的响声。

紫檀半桌

微凹黄檀为散孔材,生长轮十分明显。微凹黄檀的芯材新切面呈暗红褐、桔红褐至深红褐色,常带黑色条纹。用肉眼能够清晰看到微凹黄檀的管孔,弦向直径最大为351微米,平均139微米。

在放大镜下,微凹黄檀的轴向薄壁组织非常明显,主为离管型,细线状、星散聚合、环管束状、聚翼状。微凹黄檀的木纤维壁厚,在放大镜下,能够清楚看到木射线,波痕在放大镜下不明显。微凹黄檀的新切面气味辛辣,结构细,纹理直或交错复杂。微凹黄檀的气干密度为 0.98-1.22 克/立方厘米。

紫檀包锡茶叶罐

紫檀的真伪辨别

紫檀的种类很多，但在关于红木的国家标准当中，早已明确规定紫檀属紫檀类中仅有一种木材为红木，即檀香紫檀。因此，消费者在购买紫檀家具或者其他制品的时候，应该非常小心，以免买到替代品。

鉴别紫檀，最好的办法就是对比，通过感官来对比紫檀的木纹和手感并做出判断。根据一些有经验专家的总结，鉴别紫檀一般采用下面五步做法：

第一，"看"

鉴别的时候，应该仔细观察木纹，认真对比紫檀的纹理特征。最好的办法，就是选用两三块纹理正宗的紫檀样板，两者对比来看。这样就能够看出真伪。

紫檀笔掭

紫檀长方莲花佛座

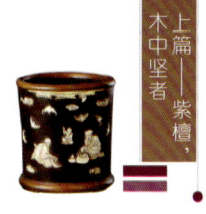

上篇——紫檀，木中坚者

第二，"掂"

通过掂，能够感受到手上的器物是否达到该体积紫檀应该达到的重量。此外，还能够锻炼手感。一般而言，掂紫檀物件的数量超过八百件，手感就有了。

第三，"闻"

在条件允许的前提下，用小刀刮一刮木茬，然后闻一闻木屑的气味。了解紫檀的人都知道，紫檀有一股淡淡的香气；香味过浓或无香气，都十分可疑。

第四，"泡"

在鉴别的时候，可以用水或者白酒来浸泡紫檀屑或锯末。紫檀屑的浸出液为紫红色，并且上面还有一层浅浅的荧光。紫檀屑浸泡出来的水，能够染布，并且永不褪色。

紫檀大理石天然纹题诗圆桌屏

紫檀雕少女摆件

紫檀雕龙凤镇纸

紫檀雕仕女图笔筒

紫檀雕双耳香炉

第五，"敲"

用正宗的紫檀块，最好是"紫檀镇尺"，轻轻敲击紫檀物件，听其声音如何。紫檀的敲击声清脆悦耳，没一点杂音。

除了上面介绍的方法，还可以用下面两种方法来鉴别：

一、专业鉴别

根据国家制定的标准，真正的紫檀呈散孔，生长年轮不是很明显。紫檀芯材新切面一般呈橘红色，久则转为深紫或黑紫色，常带浅色和紫黑条纹。紫檀的木屑泡水，浸出液为紫红色，有荧光。紫檀的弦向直径平均92微米。紫檀的轴向薄壁组织在放大镜下十分明显。木纤维壁厚，充满红色树胶和紫檀素。此外，最重要的一点是，要记住紫檀的气干密度为1.05-1.26克/立方厘米。

紫檀雕双龙白玉盒

二、经验识别

至于到底用什么来鉴别紫檀，民间至今有不同的说法。不过，根据前人的经验，我们可把一些可行的办法归纳如下：

1. 紫檀的芯材新切面为橘红色，一段时间之后，颜色会转为深紫或黑紫色。

2. 紫檀在白墙壁或白纸上划拭，会留下蜡笔般的划痕。

紫檀雕云龙纹储物箱

3. 紫檀木屑浸入酒精中，立即就会有大量的橘红色烟雾状色素翻滚喷出，浓烈、快速而美丽。

4. 用浸泡酒精的棉球擦拭紫檀表面，棉球很快变橘红色。

5. 紫檀屑浸出液为紫红色，并且有蓝绿色荧光。

6. 紫檀入水即沉。

紫檀雕松鹿同春笔架

紫檀雕云龙纹百宝箱

珍稀木材
紫檀·黄花梨收藏与鉴赏

紫檀多宝格

紫檀金蟾望月百宝嵌山水人物诗文插屏一对

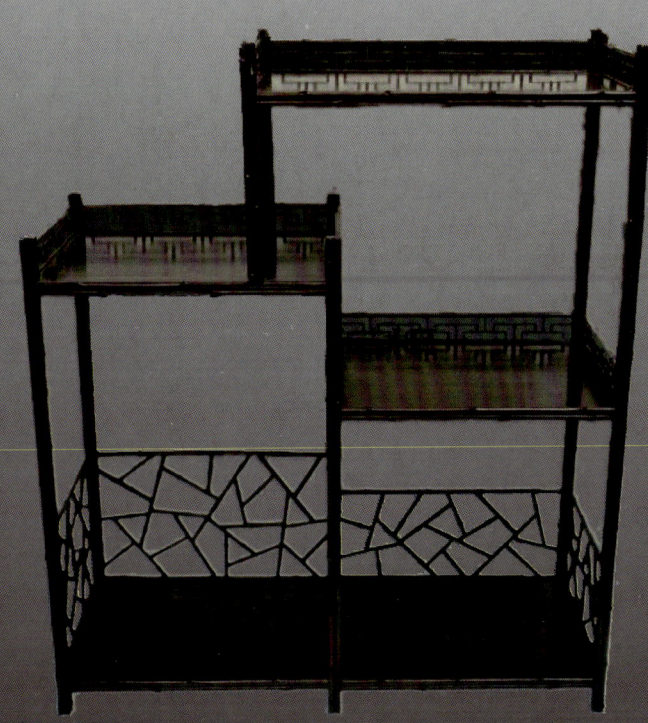

紫檀刻竹节多宝格

紫檀估价

紫檀分为大叶紫檀和小叶紫檀两种。

紫檀菱角

一般来说，大叶紫檀多用于制作一些比较有艺术感的物品。现实生活当中见到的很多紫檀家具都是用大叶紫檀打造的。大叶紫檀的价格不算便宜，一件比较小的大叶紫檀摆件价格在 300 元左右；而一些小的家具价格在 4000 元左右；大一些的家具一般在 20 万元以上。

大叶紫檀龙纹长方盒

紫檀夹头榫画桌

珍稀木材
紫檀·黄花梨收藏与鉴赏

相对来说，小叶紫檀为紫檀当中的精品，木纹不是十分明显，芯材初切为橘红色。小叶紫檀通常都会被用来制作家具，然而，价格却要具体来看。通常情况下，用小叶紫檀做的装饰品一般在四五千元左右；如果是家具，价格则会更贵一些，正宗的小叶紫檀家具价格一般都会在5万元以上，成套的小叶紫檀家具则一般超过10万元。

说到紫檀，就不得不说说金星小叶紫檀。金星小叶紫檀是紫檀当中的精品，也是最贵的一种。现在，金星小叶紫檀的珍贵程度已经到了可遇不可求的程度，其价格已经让很多收藏家望而却步。

现在，市场上的金星小叶紫檀价格高昂，且材料至多只有10-15厘米。如果购买金星小叶紫檀料，那价格要到650元以上一斤了。然而，这只是一般金星小叶紫檀的价格。金星越多，价格也就越贵。

小叶紫檀百宝嵌挂屏

紫檀精品欣赏

御制松花石雕鸡雏待饲图紫檀插屏

基本信息

制作年代：清朝
制作材质：紫檀
规格尺寸：41厘米×41厘米
风格特点：典雅

特征说明

此插屏以上等小叶紫檀攒框，满雕缠枝莲团寿纹饰，画面描绘传神，将雏鸡嗷嗷待哺的情态表现得淋漓尽致，充分反映了温馨的农家情调。纵览其构图极其简洁，无任何背景相衬，却捕捉住了鸡雏回眸刹那间的神情，动人心弦。

星语鉴赏

整体构造：★★★★★★★
工艺制作：★★★★★★★
收藏指数：★★★★★★★
投资指数：★★★★★★★

紫檀八鹤圆插屏

基本信息

制作年代：清朝

制作材质：紫檀

规格尺寸：高52厘米（连座）；插屏直径30厘米

风格特点：古雅

特征说明

屏心以黄色珐琅釉为地，彩绘云鹤纹样，画面清新艳丽，绘制精湛，用笔工整而又不失洒脱大方，彻底改变了早期画珐琅器釉料施用浓厚、釉色灰涩、气泡密集等工艺上的不足。

星语鉴赏

整体构造：★★★★★★★

工艺制作：★★★★★★★

收藏指数：★★★★★★

投资指数：★★★★★★★

紫檀缠枝莲福庆有余宝座

基本信息

制作年代：清朝

制作材质：紫檀

规格尺寸：105厘米×120厘米×60厘米

风格特点：古雅

特征说明

五屏式座围背板，扶手由五扇图构组成，围子背面高，两旁低，靠背搭脑及扶手减地浮雕缠枝莲吉庆图案，地子平整，线条流畅挺拔。椅面攒框镶板，束腰，椅腿浮雕回纹，下承托泥冰盘。此座刀法精密，圆润浑厚，不露刀锋，缠枝莲纹舒卷生动。器制端庄有气势，料材厚硕优良，纹饰富丽堂皇，制工精致规矩。通体紫檀制，面下高束腰，正中垂洼堂肚，使得底座部分的视觉感受更为稳定且富有张力。

星语鉴赏

整体构造：★★★★★　　工艺制作：★★★★★

收藏指数：★★★★★　　投资指数：★★★★★

紫檀嵌掐丝珐琅竹节花几

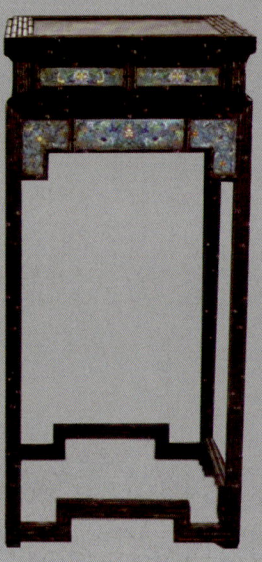

基本信息

制作年代：清朝

制作材质：紫檀

规格尺寸：41厘米×41厘米×86厘米

风格特点：高雅

特征说明

花几采用上等紫檀料精制而成，呈竹节形，束腰牙板攒框，装铜胎缠枝花卉纹掐丝珐琅板，色彩艳丽，与深色的紫檀形成鲜明的对比，造型新颖而富有弹性，极具韵律，线条流畅，工艺也精致规矩，为典型的清乾隆宫廷家具。

星语鉴赏

整体构造：★★★★★★★

工艺制作：★★★★★★★

收藏指数：★★★★★★★

投资指数：★★★★★★★

上篇——紫檀，木中坚者

紫檀缠枝莲文房箱

基本信息

制作年代：不详
制作材质：紫檀
规格尺寸：20厘米×31.5厘米×12厘米
风格特点：古典

特征说明

立柜对开两门，门框内落堂镶板，铲地雕缠枝莲纹，刀工利落，毫无拖泥带水之感，雕琢细致，而纹饰寓意祥瑞，又显得庄重威严，此柜做工甚为华美，雕饰繁缛，为家具珍品。

星语鉴赏

整体构造：★★★★★★★
工艺制作：★★★★★★★
收藏指数：★★★★★★
投资指数：★★★★★★★

紫檀提梁箱

基本信息

制作年代：清朝
制作材质：紫檀
规格尺寸：35厘米×23厘米×32.5厘米
风格特点：质朴

特征说明

紫檀提梁箱箱体、提梁与盖面皆为紫檀面，用料硕大，原装铜扣，提梁工艺精致，线条流畅自然。在今日对古董的使用中，这件提梁箱完全可以用于茶道具、香道具的盛放。

星语鉴赏

整体构造：★★★★★
工艺制作：★★★★★★
收藏指数：★★★★★★★
投资指数：★★★★★★

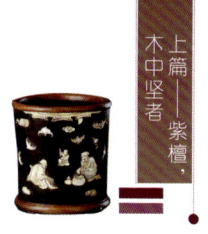

上篇——紫檀，木中坚者

紫檀花式香盒

基本信息

制作年代：清朝
制作材质：紫檀
规格尺寸：高 3 厘米；直径 6 厘米
风格特点：典雅

特征说明

紫檀花式香盒选用上等紫檀雕刻而成，材质细腻，包浆醇厚，色泽深沉。形制精巧，外形作六瓣花式，采以陷地浮雕、阴刻，花瓣层次鲜明、旋转变幻、气韵流动，跃然眼前。

星语鉴赏

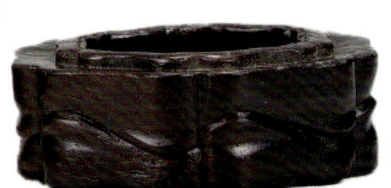

整体构造：★★★★★★
工艺制作：★★★★★★★★
收藏指数：★★★★★★★★
投资指数：★★★★★★

紫檀雕螭龙香筒

基本信息

制作年代：清朝
制作材质：紫檀
规格尺寸：高21.4厘米；直径3.9厘米
风格特点：古典

特征说明

香筒选用紫檀良材雕成，漆黑色泽，皮壳包浆浓厚，极具分量感。螭龙香筒上下两端以云雷纹为边，中部铲地阳文平雕，纹与地皆平。筒身镂空雕刻两螭龙，昂首奋鬣，张口吐舌，俯仰相向，布满全筒。雕刻刀法流畅，尤其在处理鬣发时，以极细密的阴刻一气呵成，毫无停滞。

星语鉴赏

整体构造：★★★★★★　　工艺制作：★★★★★★
收藏指数：★★★★★★　　投资指数：★★★★★★

紫檀雕兽面纹方盒

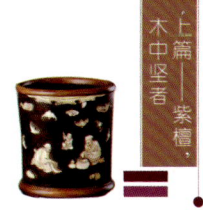

基本信息

制作年代：清朝
制作材质：紫檀
规格尺寸：19.9厘米×10.4厘米×8.2厘米
风格特点：古典

特征说明

方盒由紫檀制成，造型清雅，摆于书桌之上，不显纷堵凌乱反而格外增添清净之气。子母口套合，盒身与盒盖边沿皆攒边起线，雕刻云雷纹带。盒身向下逐渐收敛，底部内凹呈圈足。盒盖面正中浮雕刻兽面纹，四周有勾云纹勾回曲折，单个纹饰皆行云流水一气呵成，整体则有连绵不断之感。

星语鉴赏

整体构造：★★★★★★
工艺制作：★★★★★★
收藏指数：★★★★★★
投资指数：★★★★★★

百宝嵌花鸟图紫檀方盒

基本信息

制作年代：清朝
制作材质：紫檀
规格尺寸：13.5厘米×10.6厘米×9.7厘米
风格特点：经典

特征说明

　　盒盖上分别以寿山石、绿松石、螺钿、碧玉等物镶嵌成画，盒面顶部一角为一块层层叠起的湖石，两株梅花绽放盛开，枝干屈曲生动，出枝自然。花叶相衬，各具其妙。树枝上停立一鸟，收羽展尾，回首张望。上方蝴蝶飞舞，生机勃勃。打开盒盖，盒身内置有承盘，与盒身相叠形成子母口。

星语鉴赏

整体构造：★★★★★　　工艺制作：★★★★★
收藏指数：★★★★★★　　投资指数：★★★★★★

下篇——黄花梨，木中金者

时至今日，黄花梨在很多人眼中已成为高贵木材的代表。从古至今，没有哪一种木材能够像黄花梨这样，从一个树种、一种家具跃身到贵族木材之巅。

黄花梨史

黄花梨名称的历史演变

黄花梨树瘤笔筒

在我国历史上,黄花梨前后有过很多称呼。现在,从保存下来的部分古代文献当中还能够看到黄花梨的诸多名字,如花榈、榈木、花梨木、花梨、海南檀、老花梨、新花梨、黄花梨、降香黄檀等。

花榈(榈木)的称呼从唐一直影响至今

"榈木"这一名称,出现在唐朝人陈藏器所著的《本草拾遗》当中;明朝李时珍的《本草纲目》、

海南黄花梨摆件高山流水

下篇——黄花梨,木中金者

清朝屈大均的《广东新语》当中,则把今天我们所说的黄花梨称为"花榈"。在李宗山先生所著的《中国家具史图说》当中,则这样说道:"花梨木亦称花榈木。"

海南黄花梨官皮箱

黄花梨双福镇纸

拓展延伸

《广东新语》由清屈大均撰。《广东新语》成书于屈大均晚年,是一部有价值的清代笔记。全书共二十八卷,每卷述事物一类,如天、地、山、水、虫鱼等。

在《西洋朝贡典录》一书当中,认为花梨有两种:一种是花榈木,而另外一种是海南檀。

海南黄花梨木雕灵芝

黄花梨水洗连黄杨木座

老花梨、新花梨之说出现于清末至20世纪90年代初

从清朝末年到20世纪90年代初,黄花梨有了老花梨和新花梨之说。在1944年出版的《中国花梨家具图考》当中,则认为中国家具当中所使用的"高级花梨木"可分为:黄花梨——它包括优美的明代和清初家具的黄花梨;老花梨——在较晚时期特别是19世纪初期的简朴家具中常用的、幽暗的褐黄色老花梨;新花梨——实际是属于红木群的新花梨。

黄花梨名称的使用从民国初期至今

然而,黄花梨一词究竟始于何时,历史文献当中找不到明确的记载。20世纪初著名学者梁思成在考察古代建筑和研究明清家具时,发现明代所用"花梨木"和近现代所用的"新花梨"并不是一种木材。因此,为了区别这两种十分相似而价值、质地不同的木材,人们便在明朝所用的"花梨"前加了一个"黄"字。以后,便有了"黄花梨"之名,沿用至今。

海南黄花梨天成宝座

红木镶石片黄花梨方笔筒

黄花梨书箱

黄花梨四出头椅、几

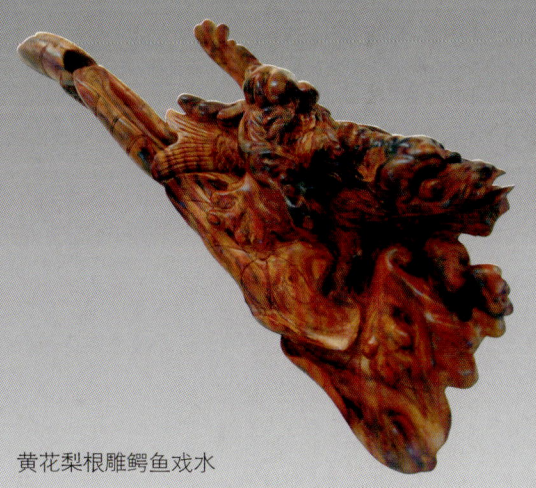

黄花梨根雕鳄鱼戏水

黄花梨素笔筒

降香黄檀的名称从 1980 年使用至今

1980 年，成俊卿出版了《中国热带及亚热带木材》一书。在书中，他认为古时被称为"花梨"的植物，学名应为"降香黄檀"。降香黄檀"为国产黄檀属中已知唯一芯材明显的树种……芯材呈红褐色至深红褐色或紫红褐色，深浅

不均匀，常杂有黑褐色条纹……边材灰黄褐色或浅黄褐色，心边材区别明显。"

在国家制定的关于红木的标准当中，也将海南产的"花梨"命名为"降香黄檀"。

引经据典

从唐代开始，我国人民便开始用花梨木制作器物。唐代陈藏器《本草拾遗》中就有"榈木出安南及南海，用作床几，似紫檀而色赤，性坚好"的记载。

黄花梨薄意雕山水纹笔筒

黄花梨茶壶套

根据明朝谷应泰所写《博物要览》记载："花梨产交（即交趾）广（即广东、广西）溪涧，一名花榈树，叶如梨而无实，木色红紫而肌理细腻，可作器具、桌、椅、文房诸器。"

《广州志》记载："花榈色紫红，微香，其纹有若鬼面，亦类狸斑，又名'花狸'。老者纹拳曲，嫩者纹直，其节花圆晕如钱，大小相错者佳。"《琼州志》记载道："花梨木产崖州、昌化、陵水。"

明代黄省曾的《西洋朝贡典录》载："花梨木有两种，一为花榈木，

下篇——黄花梨,木中金者

黄花梨茶台

乔木,产于我国南方各地。一为海南檀,落叶乔木,产于南海诸地,二者均可作高级家具。"在书中,作者指出了海南紫檀质比花榈木更坚细,可为雕刻用。按《古玩指南》第二十九章所说:"花梨为山梨木之总称,凡非皆本之梨木,其木质均极坚硬而色红,唯丝纹极粗。"

黄花梨长方几

黄花梨螭龙纹方炕桌

黄花梨螭龙纹牙板

明朝的《格古要论》当中则这样写:"花梨木出南番广东,紫红色,与降真香相似,亦有香。其花有鬼面者可爱,花粗而色淡者低。广人多以作茶酒盏。"

在侯宽昭的《广州植物志》当中,他介绍了一种在海南岛被称为花梨木的紫檀——海南檀。这种海南檀为海南岛特产,喜生于山谷阴湿之地;木材颇佳,边材色淡,质略疏松,芯材红褐色,

黄花梨长方凳

坚硬，非常适合用来制作家具。

从上面文献记载可知，人们所说的花梨木的品种绝对在两种以上。

在现实中，有一种树与花梨木十分相似，名"麝香木"。《诸番志》记载："麝香木出占城、真腊，树老仆淹没于土而腐。以熟脱者为上。其气依稀似麝，故谓之麝香。若伐生木取之，则气劲儿恶，是为下品。泉人多以为器用，如花梨木之类。"

黄花梨随形摆件

黄花梨大方角柜

黄花梨精品欣赏

圆包圆大画桌

基本信息

制作年代：明朝
制作材质：黄花梨
规格尺寸：176.5厘米×65厘米×84厘米
风格特点：古典

特征说明

此桌精选海南黄花梨为材，面攒框镶板，板面纹理集山水纹、蟹爪纹于一体，清晰秀美。整器通身精取圆材，沿下起直圆腿，造型简练舒展，俊秀高雅，为典型明式风格之圆包圆制式，通身散发出古典家具特有的韵致，置于厅堂书房，可体现主人的高雅情趣，令人回味。

星语鉴赏

整体构造：★★★★★★★
工艺制作：★★★★★★★
收藏指数：★★★★★★
投资指数：★★★★★★★

下篇——黄花梨,木中金者

黄花梨龙纹霸王枨方桌

基本信息

制作年代：清朝
制作材质：黄花梨
规格尺寸：98厘米×96.5厘米×83厘米
风格特点：典雅

特征说明

选珍贵黄花梨为材，面攒框镶独板，冰盘沿下起阳线，束腰下壶门式牙板上浮雕龙纹，腿足内侧霸王枨与家具面子底部连接，像一臂擎物似的可把桌面承受的重量产生分力，更均衡地传递到腿足上来。整器上部形如标准方桌，结合下部圆材腿足至底套瓶状足端，牙条与腿足结合处装龙纹角牙。

星语鉴赏

整体构造：★★★★★★★
工艺制作：★★★★★★★
收藏指数：★★★★★★★
投资指数：★★★★★★

黄花梨罗锅枨滚凳

基本信息

制作年代：明朝

制作材质：黄花梨

规格尺寸：64.5 厘米 ×30.5 厘米 ×19.5 厘米

风格特点：文雅

特征说明

　　滚凳，今通称"脚蹬子"，古称"脚床"或"踏床"，是我国古时人们在坐具前放置的一种用以承托双足的小型家具。宋、元以来，常和宝座、大椅、床榻组合使用。此件脚踏由黄花梨制成，抹边做四混面，圆柱形腿间置罗锅枨。

星语鉴赏

整体构造：★★★★★★★

工艺制作：★★★★★★★★

收藏指数：★★★★★★★

投资指数：★★★★★★★★

黄花梨带抽屉书桌

下篇——黄花梨,木中金者

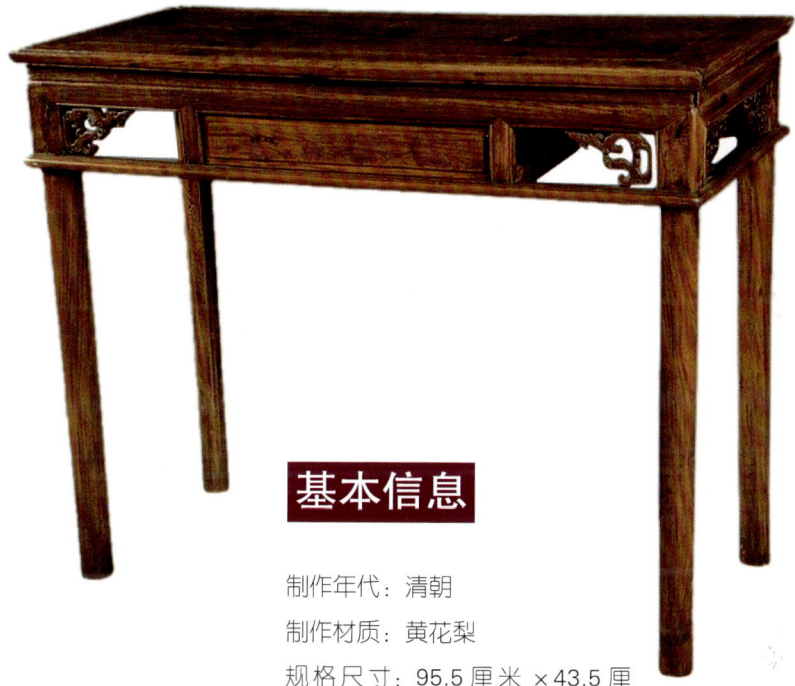

基本信息

制作年代:清朝
制作材质:黄花梨
规格尺寸:95.5厘米×43.5厘米×75.5厘米
风格特点:精致

特征说明

书桌选料黄花梨,形制古朴简约,挺拔秀丽。框架通体为圆材,面攒框镶板,束腰,光素牙板,龙纹挂牙,圆柱牙条包腿,上方置矮老及一屉,直腿,稳定牢固。该桌彰显了明式家具简练舒展、明快俊朗的独特魅力。

星语鉴赏

整体构造:★★★★★★
工艺制作:★★★★★★★
收藏指数:★★★★★★
投资指数:★★★★★★★

黄花梨卡子花大画桌

基本信息

制作年代：明朝
制作材质：黄花梨
规格尺寸：210厘米×55厘米×86厘米
风格特点：质朴

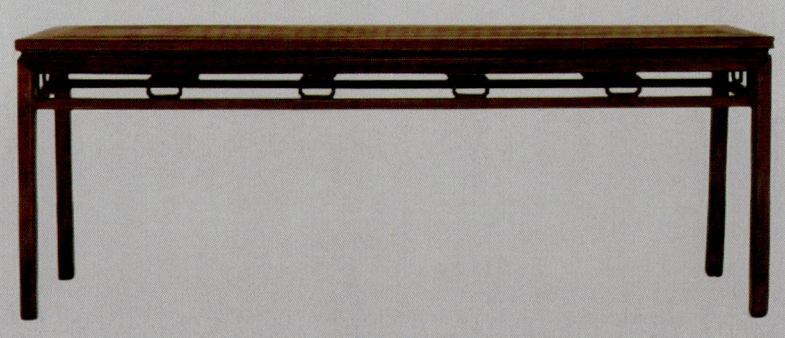

特征说明

面沿与腰上打洼，凹凸有致，富有立体感。四直腿间设横帐，帐上方形卡子花与素牙板相连，余处则不施雕饰，具有典型的明式家具制作简约的风格。整器形制规整，保存完好，器型挺拔纤雅，姿态优美，外形质朴却处处可见精工细作，彰显出风雅大气之独到韵味。此画桌通体由黄花梨制造，色泽明亮，包浆温润。面攒框镶独板，板面材质宽大，较为罕见。

星语鉴赏

整体构造：★★★★★★
工艺制作：★★★★★★★
收藏指数：★★★★★★★
投资指数：★★★★★★

黄花梨南官帽椅

基本信息

制作年代：明朝
制作材质：黄花梨
规格尺寸：55厘米×42厘米×94厘米
风格特点：古典

特征说明

此对南官帽椅由珍贵黄花梨制成，靠背板、扶手上矮老及扶手均呈"S"形，线条流畅，造型舒展。座面用藤屉，冰盘沿下开壸门，腿足外圆内方，四腿直下，腿间装步步高管脚枨，迎面的管脚枨下装极窄的牙条。

星语鉴赏

整体构造：★★★★★　　工艺制作：★★★★★
收藏指数：★★★★★　　投资指数：★★★★★

黄花梨几何纹罗汉床

基本信息

制作年代：明朝

制作材质：黄花梨

规格尺寸：205厘米×97厘米×78厘米

风格特点：经典

特征说明

此床造型简练舒展，上繁下简，相互呼应，具有浓厚明式家具的风格特点。此件罗汉床通体以黄花梨料精制而成，床围以三面透雕几何纹围子攒成，精致秀美。席心床屉，下衬硬板，屉面下冰盘沿打洼，沿下带束腰，边沿起线并与腿子里口边缘交圈，直腿下足内翻；牙板光素，全无雕饰，床型质朴。

星语鉴赏

整体构造：★★★★★★

工艺制作：★★★★★★★

收藏指数：★★★★★★

投资指数：★★★★★★★

黄花梨书箱

下篇——黄花梨,木中金者

基本信息

制作年代:明朝
制作材质:黄花梨
规格尺寸:35厘米×20厘米×15厘米
风格特点:古朴

特征说明

黄花梨为材,以明亮色泽及木纹天然装饰。边角饰铜件,既可加固,亦可起点缀作用。置于书房,用于储物,十分合适。

星语鉴赏

整体构造:★★★★★★★
工艺制作:★★★★★★★
收藏指数:★★★★★★★
投资指数:★★★★★★★

黄花梨圆包圆画桌

基本信息

制作年代：明朝
制作材质：黄花梨
规格尺寸：不详
风格特点：典雅

特征说明

黄花梨为材制作，桌面打槽装板，边抹起凹线分双层。下接四圆腿，外圈包裹罗锅枨，中置矮老为饰。整器线条简练，欣然挺立，充分表现明式家具简洁之美，藏之更显品位。

星语鉴赏

整体构造：★★★★★★★
工艺制作：★★★★★★★
收藏指数：★★★★★★★
投资指数：★★★★★★

黄花梨的生态特征与分布

生态特征

　　黄花梨为落叶乔木，树高 10-25 米，最大胸径超过 60 厘米，树冠为伞形，分权较低，枝桠较多，侧枝粗壮，树皮为浅灰黄色。奇数羽状复叶，长 15-26 厘米，卵形或椭圆形；花淡黄色或乳白色，花期 4-6 月；荚果舌状，长椭圆形，扁平，10 月到翌年 1 月为种子成熟期。

　　黄花梨的用途十分广泛，有非常高的价值，有"木黄金"之称。然而，由于黄花梨独特的生长环境以及漫长的生长周期，渐渐导致市场上面的黄花梨越

黄花梨大交机

黄花梨躺椅

来越少。黄花梨树形优美枝叶婆娑，分叉较多，枝叶伸展面积大，不过成长相对缓慢，这种成长过程主要指树木芯材的生长周期。从幼苗生产开始，黄花梨大约需要15年才能够开始结芯材，20

黄花梨大砚

年树龄的树径17-20厘米，芯材直径只有2-5厘米；对于大部分野生黄花梨来说，基本都需要经历上百年才能够成材。而那些用来制作家具的黄花梨木材，则需要更长的时间，至少300-500年。

此外，地理区域的不同会使黄花梨的生产周期发生一些相应的变化：生长在昌化江流域的海南黄花梨树，60年树龄芯材仅约18厘米；生长在南渡江流域的海南黄花梨，17年树龄开始结芯材，60年树龄的芯材为30厘米。

下篇——黄花梨,木中金者

产地分布

黄花梨的原产地在中国海南岛吊罗山尖峰岭低海拔的平原和丘陵地区,多生长在吊罗山海拔 100 米左右阳光充足的地方。因为黄花梨成材十分缓慢,木质坚实、花纹漂亮,因此,始终位居中国五大名木之一。现在的黄花梨树,属于国家的二级保护植物。

黄花梨铜包角长方扣盖盒

根据《中国树木志》当中记载,野生海南黄花梨产于海南岛上除万宁、陵水、五指山市以外的各市县,其中白沙、昌江、东方、三亚、乐东、海口为主要产区。黄花梨树一般都生长在海拔 350 米以下的山坡上。其中,名贵的海南黄花梨则主要生长在黎族地区,其中以昌江王下地区的海南黄花梨最为珍贵。除了海南,越南部分地区也有出产。

黄花梨大漆面方形炕几

黄花梨文房箱

黄花梨灯挂椅

黄花梨香插

如今，我国的海南、两广、福建，均有不少黄花梨的人工林。黄花梨虽然生长速度快，能用于家居器具制作使用的芯材的成长却相当缓慢，基本都要等300年后才能够用来制作家具。

黄花梨精品欣赏

下篇——黄花梨,木中金者

黄花梨梗面翘头几

基本信息

制作年代：明朝
制作材质：黄花梨
规格尺寸：不详
风格特点：典雅

特征说明

黄花梨为材，面板独板，极为少见，珍贵之极。两侧有微微上翘，下有插肩榫装置，饰长条素牙子。四条柱形足之间有两横挡管脚枨。整器包浆浑厚，形制典雅，灵动有致，光华内蕴。

星语鉴赏

整体构造：★★★★★★　　工艺制作：★★★★★★
收藏指数：★★★★★★　　投资指数：★★★★★★

黄花梨小画桌

基本信息

制作年代：明朝
制作材质：黄花梨
规格尺寸：105厘米x71厘米x86厘米
风格特点：典雅

特征说明

桌面四平，打槽装板，束腰，下承外圆内方四足，间置罗锅形管脚枨。黄花梨色泽华丽，桌子线条俊朗，简洁明快。

星语鉴赏

整体格调：★★★★★★
工艺制作：★★★★★★
收藏指数：★★★★★★
投资指数：★★★★★★

下篇——黄花梨,木中金者

黄花梨圆包圆方桌

基本信息

制作年代：明朝
制作材质：黄花梨
规格尺寸：不详
风格特点：经典

特征说明

方桌造型别致，桌面四方，边抹起三层素面，下承外圆内方四足。腿间包裹罗锅形圆枨，上嵌双圈卡子花。整器质感圆润，朴素沉静，深得明式家具之韵味。

星语鉴赏

整体构造：★★★★★★★
工艺制作：★★★★★★
收藏指数：★★★★★★★
投资指数：★★★★★★

黄花梨圆包圆画案

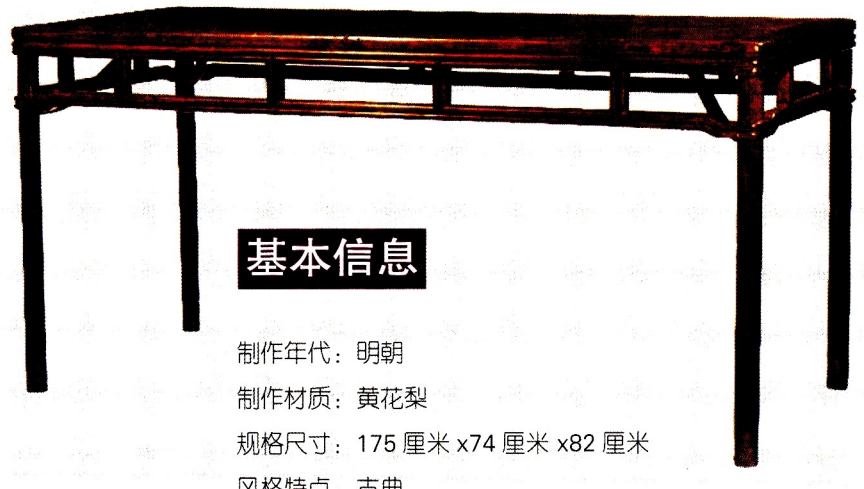

基本信息

制作年代：明朝
制作材质：黄花梨
规格尺寸：175厘米×74厘米×82厘米
风格特点：古典

特征说明

黄花梨木纹华丽，起隔水线；下承四圆柱形腿，沉稳有力，且有霸王枨加以固定，时代特征明显，画案简洁明快。线条劲挺，落落大方，为黄花梨明代木作极品。

星语鉴赏

整体构造：★★★★★★★★
工艺制作：★★★★★★★
收藏指数：★★★★★★★
投资指数：★★★★★★

黄花梨亮格书橱

基本信息

制作年代：明朝

制作材质：黄花梨

规格尺寸：87厘米x44厘米x193厘米

风格特点：典雅

特征说明

黄花梨为材，上有三层敞格，下为书橱。背板密封，其余三面均为短棍排列而成的棂格造型。书柜挺拔，棂格更显典雅之美，令人赏心悦目，在黄花梨家具中此书柜特别难得，值得收藏。

星语鉴赏

整体构造：★★★★★★★★
工艺制作：★★★★★★★
收藏指数：★★★★★★★★
投资指数：★★★★★★★

黄花梨雕龙半桌

基本信息

制作年代：明朝
制作材质：黄花梨
规格尺寸：91厘米×46厘米×84厘米
风格特点：经典

特征说明

星语鉴赏

面板稍稍喷出，样式别致。有束腰，下嵌壸门式牙板，上浮雕四面龙纹，置罗锅枨，包浆醇厚，简洁大方。

整体构造：★★★★★★★
工艺制作：★★★★★★★★
收藏指数：★★★★★★★
投资指数：★★★★★★★★

下篇——黄花梨，木中金者

黄花梨市套几

基本信息

制作年代：清朝
制作材质：黄花梨
规格尺寸：高从49厘米到71厘米不等
风格特点：古典

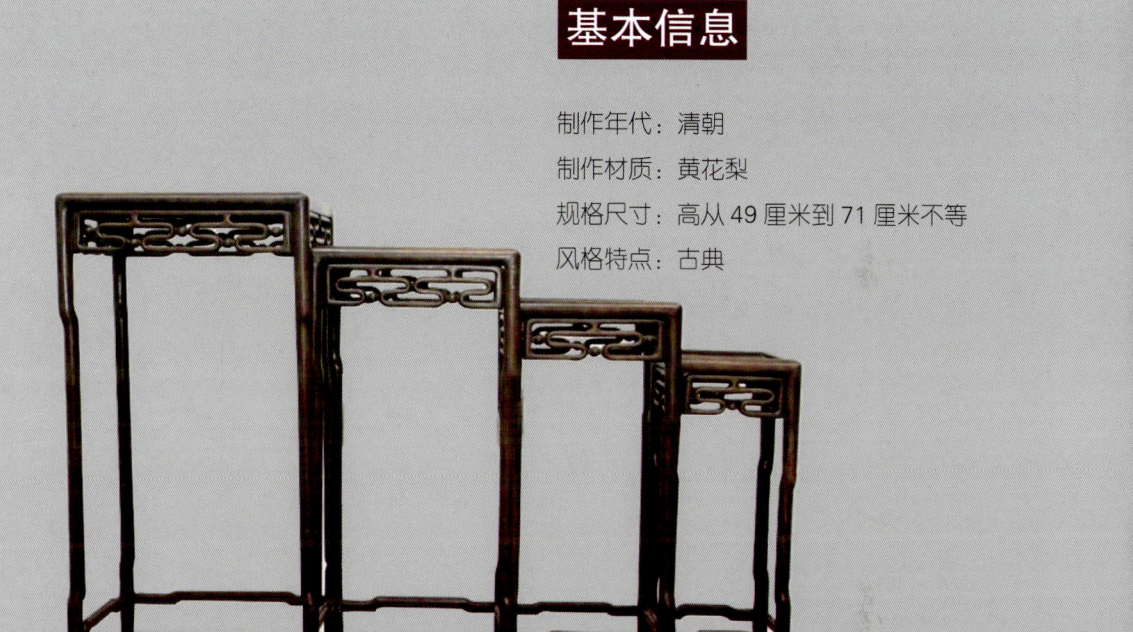

 **特征说明**

做工精湛，在现实生活当中非常少见。

星语鉴赏

整体构造：★★★★★★★★
工艺制作：★★★★★★★
收藏指数：★★★★★★★
投资指数：★★★★★★★

明式黄花梨交椅

基本信息

制作年代：现代
制作材质：黄花梨
规格尺寸：高 99 厘米
风格特点：典雅

特征说明

这只交椅的装饰图案是典型的清上非常协调，相得益彰。

星语鉴赏

整体构造：★★★★★★★　　工艺制作：★★★★★★★
收藏指数：★★★★★★★　　投资指数：★★★★★★

下篇——黄花梨,木中金者

黄花梨提携箱

基本信息

制作年代：清朝
制作材质：黄花梨
规格尺寸：宽 40 厘米
风格特点：典雅

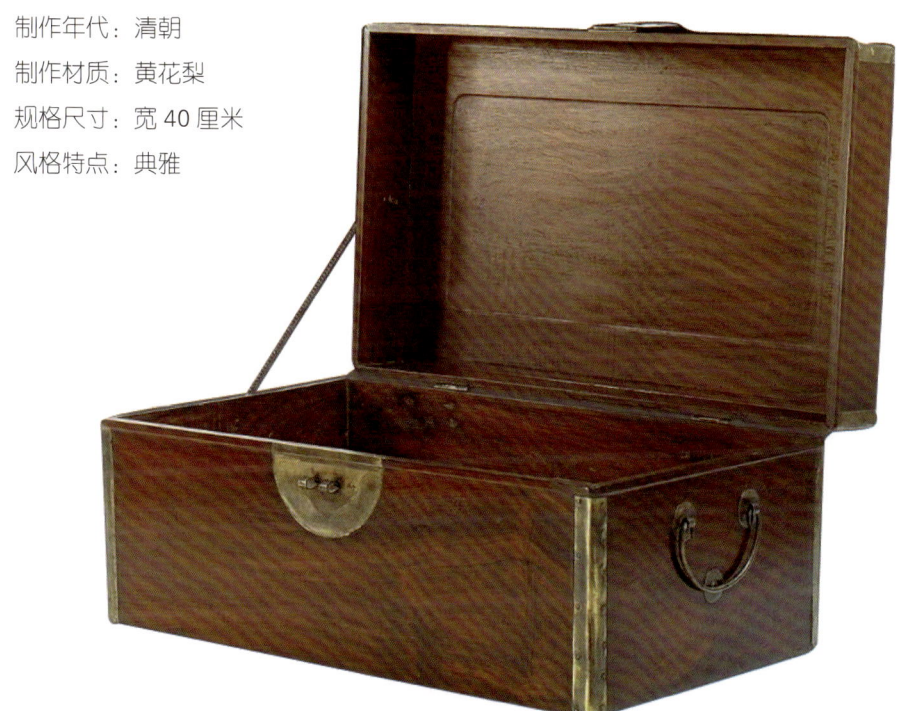

特征说明

整体造型方中见圆、简洁恬美，不仅有装饰之用，更有加固匣口之功，设计简洁有效。

星语鉴赏

整体构造：★★★★★★★
工艺制作：★★★★★★★★
收藏指数：★★★★★★★
投资指数：★★★★★★★

黄花梨罗锅枨绿纹石面香案

基本信息

制作年代：明朝
制作材质：黄花梨
规格尺寸：不详
风格特点：古典

特征说明

　　香案束腰扁马蹄腿，高拱罗锅枨，装"事事如意"纹卡子花，边缘起浑圆的阳线，案面攒框镶嵌大块绿纹石板，石面如春水般微起波澜，温润细腻，包浆浓郁，散发着无限生机。这张香案造型优美，选料严谨，品相完好。

星语鉴赏

整体构造：★★★★★★　　工艺制作：★★★★★★★
收藏指数：★★★★★★★　　投资指数：★★★★★★

拓展延伸

　　绿纹石又称"祁阳石"，产于湖南永州市祁阳县，除了用作桌面和插屏芯，还可以制砚台。

下篇——黄花梨,木中金者

黄花梨圈椅

基本信息

制作年代：清朝
制作材质：黄花梨
规格尺寸：61厘米x48厘米x99厘米
风格特点：典雅

特征说明

此圈椅选料精良，造型高贵，比例优雅，线条流畅，雕饰精彩。圈椅是颇具代表性的明式家具，制作精美，直接折射出设计者的艺术修养，体现工匠的制作水平。

星语鉴赏

整体构造：★★★★★★★
工艺制作：★★★★★★★
收藏指数：★★★★★★★
投资指数：★★★★★★

黄花梨灯挂椅

基本信息

制作年代：清朝

制作材质：黄花梨

规格尺寸：49厘米x45厘米x99厘米

风格特点：古典

特征说明

这四张椅子背板造型圆润，成"S"形，软藤座面。迎面素券口牙子，椅子腿之间装"步步高"赶枨。无论从正面或侧面看，灯挂椅的线条都非常简洁。

星语鉴赏

整体构造：★★★★★★★　　工艺制作：★★★★★★★

收藏指数：★★★★★★　　　投资指数：★★★★★★

拓展延伸

灯挂椅是靠背椅的一种款式，其搭脑两端挑出，因其造型好似南方挂在灶壁上用以承托油灯灯盏的竹制灯挂而得名。

下篇——黄花梨,木中金者

黄花梨有束腰马蹄腿罗锅枨长条桌

基本信息

制作年代：明朝
制作材质：黄花梨
规格尺寸：158 厘米 x58 厘米 x87 厘米
风格特点：简约

特征说明

长条桌攒芯面板，采用了明式桌类家具最标准的造型，束腰、马蹄腿、罗锅枨，规矩而雅致。

星语鉴赏

整体构造：★★★★★★★
工艺制作：★★★★★★★
收藏指数：★★★★★★★
投资指数：★★★★★★★

黄花梨的木材特征与实用

木材特征

黄花梨芯材新切面为紫红色或深褐色，有犀角的质感。黄花梨木的生长年轮十分明显，纹理也清晰可辨，如行云流水，美丽无比。其特别之处在于，黄花梨木纹中常见木疖，这些木疖平整不开裂，呈现出狐狸头、老人头及老人头毛发等纹理，美丽动人，也就是人们常说的"鬼脸儿"。黄花梨新切面气味辛辣浓郁，久则微香；黄花梨的气干密度为 0.82-0.94 克 / 立方厘米。

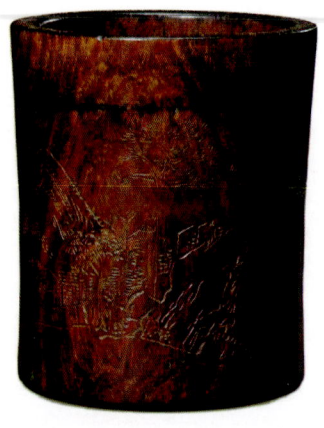
黄花梨雕山水笔筒

黄花梨镶螺钿彩绘笔筒

下篇——黄花梨,木中金者

实用价值

黄花梨的工艺价值

明朝和清朝的很多高档家具,都是用黄花梨木打造的。其纹理或隐或现,色泽不静不喧,被视作上乘佳品,备受明清匠人宠爱,特别是明清盛世的文人、士大夫对家具的审美情趣更使得这一时期的黄花梨家具卓尔

黄花梨百宝嵌四季花卉拜匣

不群,无论从艺术审美,还是人工学的角度来看都赞不绝口,可称为世界家具艺术中的珍品。由于前朝过量采伐而至清代中期黄花梨木材急剧减少甚至濒临灭绝,所以后来采用红木代替。

黄花梨素联三闷户橱

从明清开始，海南黄花梨就是制作家具的首选材料，它花纹美丽、色泽柔和，有香味，十分容易进行深颜色和浅颜色的调配，可表现出深黄、浅黄、深褐色，也非常适合镶嵌。海南黄花梨具有加工性能良好，软硬轻重适中，不易变形等特点，因此非常适合用来制作家具。

黄花梨兽面纹黑漆几

黄花梨镶樱木小几桌

黄花梨雕玉兰花笔筒

直到现在，海南黄花梨仍旧是人们制作高档家具的首选材料。因为原材料的缺乏，现在黄花梨的身价也一路飙升。

黄花梨的药用价值

黄花梨有很高的药用价值，《本草纲目》《海南本草》《证类本草》当中都有相关记载。

功效：理气，止血，行瘀，定痛。

黄花梨镶瘿木盒

黄花梨顶箱柜

黄花梨象鼻纹翘头案

主治：吐血，金疮出血，咯血，跌打损伤，风湿腰腿痛，痈疽疮肿，心胃气痛。

《海药本草》：诸天行时气宅舍怪异，并烧之有验。

《本草经疏》：上部伤，瘀血停积胸膈骨，按之痛或并胁肋痛；治内伤或怒气伤肝吐血。

黄花梨斗笔

黄花梨小杯

黄花梨木盒

黄花梨首饰盒

黄花梨独板小翘头案

拓展延伸

　　《证类本草》是北宋药物学集大成之著。全称《经史证类备急本草》，31卷60余万言。在广泛的文献辑录基础上，收药1746种。许多已散失的医方赖以留存。北宋唐慎微约撰于元丰五年（1082年）前后。唐慎微字审元，蜀州晋原（今四川崇庆）人，后迁居成都行医，医术高明。他为世人治病，不要报酬，只求给他提供医药资料。《证类本草》中广博的资料就是用这种方法征集到的。

下篇——黄花梨,木中金者

黄花梨方盒

黄花梨有束腰开炮仗洞禅凳

黄花梨首饰盒

《玉楸药解》：疗梃刃损伤，治痈疽肿痛。

《本草汇言》：治天行疫疠，瘟瘴灾疾。

《本草纲目》：疗折伤、金疮，止血定痛，消肿生肌。

《得配本草》：入血分而降气，治怒气而止血。

《本草再新》：治一切表邪，宣五脏郁气，利三焦血热，止吐，和脾胃。

用法用量：内服，煎汤，0.8-1.5钱；或入丸、散。

外用：研磨成粉末外敷。

用药忌宜：

《本经逢原》：血热妄行、色紫浓厚、脉实便秘者禁用。

《本草从新》：痈疽溃后，诸疮脓多，及阴虚火盛，俱不宜用。

黄花梨手绢盒

黄花梨多宝盒

黄花梨方桌

药物配方：

配蒲公英，清热解毒、消痈散结；

配当归，活血行气止血、补血；

配三七，散瘀止血、消肿止痛；

配威灵仙，祛风通络；

配丹参，活血化瘀、凉血消肿；

配郁金，行血中气，理气止湿；

配乳香，和血化瘀，止痛，消肿。

此外，还可为大家介绍几首验方：

一、刃伤出血不止

降真香，瓷瓦刮末于石碾研细敷之。（《验方新编》）

二、避瘟丹

烧之瘟疫不能传染。

乳香一两、苍术一两、细辛

下篇——黄花梨,木中金者

一两、甘松一两、川芎一两、真降香一两为末,枣肉为丸,如芡实大烧之。(《奇方类编》)

三、痈疽恶毒

番降末、枫、乳香,等分为丸,熏之,去恶气甚妙。(《集简方》)

四、金疮出血

降真香、五倍子、铜花等分为末,敷之。(《医林集要》)

黄花梨诗文香盒

黄花梨有屉炕几

黄花梨仿竹六仙桌

黄花梨精品欣赏

黄花梨有束腰大画案

基本信息

制作年代：清朝
制作材质：黄花梨
规格尺寸：178厘米×82厘米×86厘米
风格特点：古典

特征说明

星语鉴赏

桌面面板三拼，其中两块宽板树纹对称，显示对开而成；面板下有穿带五条，其中三条榫头露明；束腰与牙板一木连做；罗锅枨末端很独特地微微翘起，显得极为圆婉，且不与腿交圈，榫头露明；腿底马蹄造型"优美俊俏"。

整体构造：★★★★★★★
工艺制作：★★★★★★★
收藏指数：★★★★★★
投资指数：★★★★★★★

下篇——黄花梨，木中金者

黄花梨有束腰攒罗锅枨画桌

基本信息

制作年代：明朝
制作材质：黄花梨
规格尺寸：136厘米×71厘米×85厘米
风格特点：古典

特征说明

这张画桌形制典雅，富有创意，尤其是罗锅枨的造型新颖独特，与众不同，令人在细节间感受出大气。画桌束腰，扁马蹄腿，罗锅枨由长短木料攒接而成，与桌腿格角相接，加三个矮老，形成鱼门洞开光，边缘起阳线。

星语鉴赏

整体构造：★★★★★★
工艺制作：★★★★★★★
收藏指数：★★★★★★
投资指数：★★★★★★★

黄花梨圆裹腿带抽屉小画桌

基本信息

制作年代：清朝
制作材质：黄花梨
规格尺寸：97厘米×61厘米×83厘米
风格特点：典雅

特征说明

此画桌系由罗锅枨圆裹腿画桌演变而来，在矮老和枨格间加板封堵，从而形成装设抽屉的空间。

星语鉴赏

整体构造：★★★★★★
工艺制作：★★★★★★
收藏指数：★★★★★★
投资指数：★★★★★★

黄花梨高束腰马蹄足挖缺做条桌

基本信息

制作年代：明朝
制作材质：黄花梨
规格尺寸：98厘米×48厘米×88厘米
风格特点：经典

特征说明

此桌腿足上端不露明，仍为高束腰式。牙条以下，壶门式轮廓非常完整。腿足中部花叶突出处，断面作曲尺形，即所谓挖缺作。条尽端正当弧线向下弯垂形成尖角的地方，因材料薄而木纹短，又系直丝，甚易劈裂。

星语鉴赏

整体构造：★★★★★ 工艺制作：★★★★★
收藏指数：★★★★★ 投资指数：★★★★

黄花梨高足方角柜

基本信息

制作年代：明末清初
制作材质：黄花梨
规格尺寸：111厘米×43厘米×180厘米
风格特点：古典

特征说明

此柜的两只后腿及后背板采用铁梨木料制作，搭配铁梨木是黄花梨家具常见的做工，其主要目的是为了节省珍贵的黄花梨木材。

星语鉴赏

整体构造：★★★★★★★★
工艺制作：★★★★★★
收藏指数：★★★★★★★★
投资指数：★★★★★★★

下篇——黄花梨，木中金者

黄花梨南官帽椅成对

基本信息

制作年代：明朝
制作材质：黄花梨
规格尺寸：64厘米×49厘米×99厘米
风格特点：古典

特征说明

此椅搭脑与后腿、扶手和前腿以斜接方式连接，并以铜皮加固，这种做法在南官帽椅中并不多见。通体光素，扶手和靠背呈圆弧状，使乘坐者舒适地被包围在椅子中。

星语鉴赏

整体构造：★★★★★★★★
工艺制作：★★★★★★★
收藏指数：★★★★★★★★
投资指数：★★★★★★★★

黄花梨四面平榻

基本信息

制作年代：元朝
制作材质：黄花梨
规格尺寸：199厘米×116厘米×46厘米
风格特点：古朴

特征说明

在至今已知的传世黄花梨或紫檀床榻中，此榻不仅是年代最早的一件，也是造型较为古雅的一件。牙子与腿足相交处挖牙嘴圆润过渡，沿腿足和券口内侧起宽大的皮条线，皮条线打洼。

星语鉴赏

整体构造：★★★★★★★★
工艺制作：★★★★★★★★
收藏指数：★★★★★★★
投资指数：★★★★★★★★

下篇——黄花梨,木中金者

黄花梨书箱

基本信息

制作年代:清朝
制作材质:黄花梨
规格尺寸:40厘米×22厘米×16厘米
风格特点:典雅

特征说明

黄花梨书箱造型典雅,葆光莹润,纹理美观。尤其值得称道的是它考究的制作工艺:所有对称的看面均是一木对开,立墙内外圆角相接,箱顶微向上拱,白铜云头拍子嵌紫铜,采用平卧式安装。

星语鉴赏

整体构造:★★★★★★★
工艺制作:★★★★★★★
收藏指数:★★★★★★★
投资指数:★★★★★★★

黄花梨方材官帽椅

基本信息

制作年代：清朝

制作材质：黄花梨

规格尺寸：55厘米×49厘米×99厘米

风格特点：古雅

特征说明

此椅用方材制作，搭脑镂空，锼云纹坠角。靠背板向后仰，浮雕螭龙纹，下端开亮脚。扶手下凹，与鹅脖用烟袋锅榫卯相连。虽为清式家具，但仍有明式家具的风骨，造型独特，极具收藏价值。

星语鉴赏

整体构造：★★★★★★　　工艺制作：★★★★★

收藏指数：★★★★★★★　投资指数：★★★★★★

上篇——黄花梨，木中金者

黄花梨镜台

基本信息

制作年代：清朝
制作材质：黄花梨
规格尺寸：56厘米×31.5厘米×74.5厘米
风格特点：古典

特征说明

镜台黄花梨制，镜台为五屏风式，透雕龙凤纹，寓意"龙凤吉祥"。屏风脚穿座面，直插稳固。中扇最高，左右递减，并依次向前兜转。搭脑高挑出头，圆雕龙头。台面四周有望柱栏杆，镶绦环板。

星语鉴赏

整体构造：★★★★★★★★
工艺制作：★★★★★★
收藏指数：★★★★★★★
投资指数：★★★★★★★★

黄花梨的常见分类

海南黄花梨

海南黄花梨的主要分类方式：

一、按芯材部分的颜色分

海南黄花梨的芯材是不断由边材转化而成，在不同的环境下，会有不同的颜色呈现。因此，按颜色深浅可以分为浅黄、金黄、橘黄、赤紫、红褐、深褐等若干种。颜色不同，也决定着木材的相对密度、油性、气味等的不同。一般来说，颜色较深的相对密度大、油性大、降香气味浓；反之，颜色较浅的则相对密度小、油性小、降香气味稍淡。

海南黄花梨圆后背交椅

海南黄花梨佛座

下篇——黄花梨，木中金者

海南黄花梨圆包圆半桌

二、按芯材材色、大小分

住在海南岛的黎族人把木材的芯材分为"格"，根据成熟的黄花梨芯材材色和大小，可把黄花梨分为油格、糠格两种。其中，油格黄花梨的芯材部分大，

海南黄花梨盖盒连座

呈深褐色；糠格黄花梨的芯材部分小，呈红褐色或紫褐色。

三、按家具外观分

按照家具的总体外观来区分的话，大体上可分为两类：浅色黄花梨和深色黄花梨。在这两种黄花梨当中，浅色黄花梨光泽较强，拿在手里的分量稍轻，不过纹理清晰流畅，这种黄花梨多在北方出现；深色黄花梨油性较大，光泽远

海南黄花梨盖盒两件

不如浅色黄花梨，重量较浅色黄花梨略轻，且纹理也没有浅色黄花梨的纹理清晰、美丽，这种黄花梨家具多见于南方。

四、按地理划分

东部黄花梨：颜色比较浅，分量较轻，油性较差；由于明清时期过度采伐，几近绝迹。

西部黄花梨：油性较强，油质感存留时间很长，价格远高于东部黄花梨。

海南黄花梨高束腰马蹄足条桌

海南黄花梨竹节大香盒

越南黄花梨高束腰三弯腿带托泥香几

越南黄花梨瓜棱笔筒

越南黄花梨

素有"木黄金"之称的黄花梨，只有中国海南，越南等地有出产。现在市场上出现的黄花梨，多为产自越南的"越黄"。

由于越南和海南位于同一纬度，地理位置十分相似，因此越南黄花梨和海南黄花梨从表面上非常难以辨别。

较之古典正统的明清家具材质"海南黄花梨"而言，

越南黄花梨瓜棱花插

越南精美黄花梨画案

越南黄花梨扶手椅

黄花梨官皮箱

越南黄花梨翘头几

下篇——黄花梨,木中金者

今天的市场上恐怕已经没有这种材料;因此,越南黄花梨也就名正言顺地成为了替代海南黄花梨的木材。并且,伴随着越南黄花梨木料资源的枯竭,其价格更是一路飙升。

越南黄花梨的质地不亚于海南黄花梨,坚重沉水,拿在手里有沉甸甸的感觉,且棕眼也十分细密。越南黄花梨能够长时间散发出一种清幽的木香之气,多酸香。越南黄花梨的花纹较为粗犷些,墨线黑晕稍多,山水纹比较常见,反差相对较大,给人一种鲜艳亮丽的感觉。

"木质坚硬,纹理美观,阴天时散发幽香,雍容华贵,其纹理或隐或现,色泽不静不喧",这便是人们对越南黄花梨的概述。

改革开放以后,国家经济得到快速发展,人们生活水平显著提高,人们衣食足而知礼仪,开始尊重文化,尊重历史,开始注重国家与民族精神源头的追索和个人审美层面的满足,并且试图用各类历史的物证,找回中华文明历史的原貌和中华民族曾有的优雅。

随着传统文化复兴声音的高涨,国家对历史文物的保护力度日益加大。近年来,黄花梨古董家具依靠国家重点文物回收资金和民间收藏资本开始逐步从境外回流到中国。和这些古董家具一样,前些年出口的黄花梨仿古家具也在市场价格的作用下,逐渐向国内回流。不论是现在还是过去,越南黄花梨始终离不开中国市场;同时,中国市场也离不开越南黄花梨。

越南黄花梨荷塘纹臂搁

黄花梨精品欣赏

黄花梨雕凤纹小平头案

基本信息

制作年代：明朝
制作材质：黄花梨
规格尺寸：118厘米×49厘米×80厘米
风格特点：质朴

特征说明

此案造型清新雅致，牙板婉转的凤身与案腿工整的起线动静呼应，疏朗轻盈。雕凤纹牙板多用在带托泥的平头案上，而用在无托泥加双横枨的小平头案上则不多见。案面攒芯板，牙板雕夔凤纹，凤尾卷曲成灵芝状。腿足正中起两柱香阳线，两腿之间装双横枨。

星语鉴赏

整体构造：★★★★★★★
工艺制作：★★★★★★★★
收藏指数：★★★★★★★★★
投资指数：★★★★★★

下篇——黄花梨,木中金者

黄花梨簇云纹三弯腿六柱式架子床

基本信息

制作年代：明朝

制作材质：黄花梨

规格尺寸：222 厘米 ×155 厘米 ×230 厘米

风格特点：经典

特征说明

　　这张床制作精细，构思巧妙，沉稳的床座和空灵剔透的围子和谐统一，体现了明式家具既注重结构的合理性又强调装饰效果的特点。六柱式架子床，攒框床顶承尘与立柱方孔套接，透雕花卉纹挂檐，透雕螭龙纹坠角，立柱之间加"开门见山"罗锅枨。门围子和床围子采用复杂的攒接工艺制成，繁缛精美，图案丰满，充满韵律，雅而不俗。挂檐、束腰和牙板的雕饰圆润华丽，栩栩如生，寓意多子多福、吉祥长寿。

星语鉴赏

整体构造：★★★★★★★

工艺制作：★★★★★★★★

收藏指数：★★★★★★

投资指数：★★★★★★★

黄花梨圆角柜

基本信息

制作年代：明朝

制作材质：黄花梨

规格尺寸：97厘米×49厘米×150厘米

风格特点：质朴

特征说明

此圆角柜选材精良，木纹精美，上小下大，木门轴，有铜活合页，整体线条利落清爽。

星语鉴赏

整体构造：★★★★★★★

工艺精湛：★★★★★★★

收藏指数：★★★★★★

珍稀指数：★★★★★★

黄花梨嵌大理石圈椅

下篇——黄花梨，木中金者

基本信息

制作年代：清朝
制作材质：黄花梨
规格尺寸：53厘米×41厘米×91厘米
风格特点：古典

特征说明

四具一堂，完整传世，十分难得。圈椅造型简洁明朗，身形挺拔；扶手不出头，与前足上端用烟袋锅榫卯结合，这是较为少见的做法。软藤座面，乘坐更加舒适。腿足之间加圈口，使椅子看起来十分俊秀。靠背板由三段攒成，中段圆开光内镶嵌精心挑选的圆形大理石，以表现四季不同的风光。

星语鉴赏

整体构造：★★★★★★★
工艺制作：★★★★★★★
收藏指数：★★★★★★★
投资指数：★★★★★★★

黄花梨圆裹腿带卡子花半桌

基本信息

制作年代：清朝
制作材质：黄花梨
规格尺寸：97厘米×49厘米×88厘米
风格特点：经典

特征说明

　　半桌比例恰当，造型敦实，裹腿做，独板面芯。边抹与劈料作的罗锅枨之间装双环卡子花。半桌尺寸为八仙桌的一半，在明代绘画中常可以看到这样的小桌。半桌是非常实用的家具之一，曾有大量传世，但正因为如此，它又是被毁坏、拆改最多的家具，能完整保持原始风貌非常不易。

星语鉴赏

整体构造：★★★★★★★
工艺制作：★★★★★★★
收藏指数：★★★★★★★
投资指数：★★★★★★

下篇——黄花梨·木中金者

黄花梨带抽屉橱柜

基本信息

制作年代：明朝
制作材质：黄花梨
规格尺寸：85厘米×56厘米×87厘米
风格特点：古雅

特征说明

造型简洁素雅，用料厚重，装坠角。柜门平镶，左右花纹对称，系一木对开而成，有闩杆。

星语鉴赏

整体构造：★★★★★★★★
工艺制作：★★★★★★★
收藏指数：★★★★★★
投资指数：★★★★★★

黄花梨独板半桌

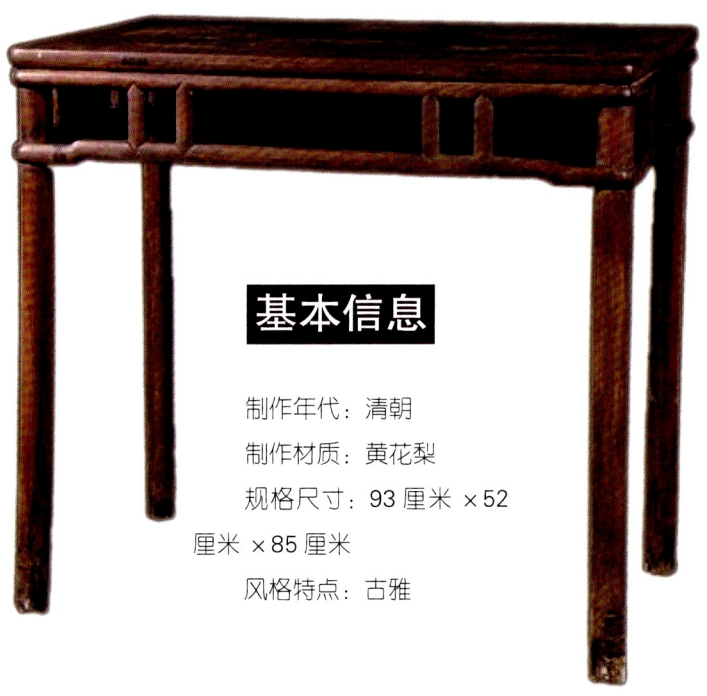

基本信息

制作年代：清朝

制作材质：黄花梨

规格尺寸：93 厘米 ×52 厘米 ×85 厘米

风格特点：古雅

特征说明

此半桌整体运用圆润的线条造型，使方正之物也有柔润之美，加之做工精致，应出名家之手。整体观之，此条桌无论从木材选择，还是设计制造，都充分地反映了"明式"的卓越水平，极具收藏与审美价值。此半桌简洁素雅，沉稳肃穆。桌面攒框镶芯，面下托腮，无束腰，圆柱腿平足，罗锅枨，并在枨上置矮老。

星语鉴赏

整体构造：★★★★★★★

工艺制作：★★★★★★★

收藏指数：★★★★★★

投资指数：★★★★★★

下篇——黄花梨,木中金者

黄花梨高束腰雕龙纹香几

基本信息

制作年代：明朝
制作材质：黄花梨
规格尺寸：37厘米×37厘米×94厘米
风格特点：古朴

特征说明

香几为黄花梨质地，呈四角形状，几面攒框装独板，高束腰开窗雕螭龙纹，裙牙顺连三弯腿立于托泥之上，造型独特，设计精巧，文雅端庄；凸显黄花梨纹理之美；富有艺术欣赏与收藏价值。

星语鉴赏

整体构造：★★★★★★★★
工艺制作：★★★★★★★
收藏指数：★★★★★★★★
投资指数：★★★★★★★★

黄花梨小书柜

基本信息

制作年代：清朝
制作材质：黄花梨
规格尺寸：67厘米×35厘米×109厘米
风格特点：经典

特征说明

柜门对开，面板边框饰铜合页；上部攒斗雕饰"卍"字纹，下部柜门落堂镶独板，内设为三层，直腿方足。此类上半有亮格的柜子，也称亮格柜，一般为官宦富贵人家陈设古物之用。亮格柜精选海南黄花梨制作，选料上乘，色泽古雅。

星语鉴赏

整体构造：★★★★★★　　工艺制作：★★★★★★
收藏指数：★★★★★★★　　投资指数：★★★★★★

五屏风罗汉床

基本信息

制作年代：清朝
制作材质：黄花梨
规格尺寸：200厘米×105厘米×100厘米
风格特点：经典

特征说明

背板和边板均攒边装独板，面心为软屉，素冰盘沿，朴质简练，采用有束腰鼓腿彭牙式，大挖马蹄，兜转有力。此床采用海南黄花梨制作，从结构到装饰，都简素之极，软屉的色泽质感和独板海南黄花梨交相呼应，使人感官上得到满足，意韵深长，风格隽永，为当今黄花梨家具之精品。

星语鉴赏

整体构造：★★★★★★★
工艺制作：★★★★★★★★
收藏指数：★★★★★★
投资指数：★★★★★★★

海南黄花梨果盒

基本信息

制作年代：不详

制作材质：黄花梨

规格尺寸：从下到上依次为，38厘米×38厘米×15厘米；29厘米×29厘米×11厘米；17厘米×17厘米×7厘米；13厘米×13厘米×9厘米；12厘米×12厘米×4厘米；16厘米×16厘米×3厘米；（项）直径20厘米

风格特点：典雅

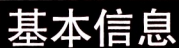

此套件一组七件，为多形制盖盒，整套器件纹理流畅，色彩绚烂，因为"一木连做"，为顺应木势制器；所成器物形状外观呈现颜色层次的不同变化，尤其是盒盖表面由内而外锼出灯草线，加深了木质纹理的流动效果，提高了器件的观赏性。

整体构造：★★★★★★★　　　工艺制作：★★★★★★★

收藏指数：★★★★★★★　　　投资指数：★★★★★★★

黄花梨的鉴赏与估价

黄花梨的真伪辨别

如今红木市场黄花梨相当走俏,但是,如何买到货真价实的黄花梨呢?编者总结了十个要点供广大红木爱好者参考。

一要"闻"

香味淳厚,但是属于辛辣香,鼻子好的还能多少闻出一些酸味。

二要"尝"

用舌头品尝味道微苦。

三要"望"

纹路流畅,新料打磨后纹理清晰美观,视感极好,有麦穗纹、蟹爪纹,纹

海南黄花梨画案

理或隐或现，生动多变。

四要"摸"

黄花梨气干密度等于或大于 0.76g/ 立方厘米，木质坚硬，硬度高，摸起来手感好，粗而不刺，并能感觉到油性。甚至摸后手上余香萦绕。

五要"泼"

用小刀削一些碎末，放在一个杯子里面，用滚烫的开水泼上去，会有很浓的香味。

海南黄花梨雕金石纹印规、竹雕诗文水盂

六要"色"

黄花梨芯材呈红褐至深红褐或紫红褐色，深浅不匀，常带有黑褐色条纹，其边材为灰黄褐或浅黄褐色。

七要"找茬"

刨平黄花梨面上有一些"鬼脸"。鬼脸是因生长过程中的结疤所致，它的结疤跟普通树的不同，没规则，呈现美丽的图案，人们称之为"鬼脸"。但不是所有的黄花梨都有"鬼脸"。

海南黄花梨梅花杯

海南黄花梨皇宫椅、几

下篇——黄花梨,木中金者

海南黄花梨回纹四仙桌

清早期海南黄花梨花格小柜

海南黄花梨交椅一对

清早期海南黄花梨小柜

八要"问"

谁如果说自己有大量海南的黄花梨工艺品,尤其是说新的,那你要小心了!因为海南黄花梨早已经是国家一级保护植物,国家早就不允许砍伐了!

九要"刨"

具有很强的韧性和很小的内应力是黄花梨木的突出特性。它不像红木那样脆,这使木匠在施工时辨识起来十分容易。在刨刃口很薄的情况下,只有黄花梨木可以出现弹簧形状的长长的刨花,而红木只有碎片般的刨屑。

十要"纯"

黄花梨家具上不应有铁钉。由于材料的珍贵,及其极大的强度,上等的黄花梨家具、工艺品的生产制造就如同玉器的雕琢一样需要精雕细刻，木榫结构绝不可以有铁钉，并且只有具有相当深厚制作功底的艺人才能够完成。

海南黄花梨的鉴别重点

海南黄花梨质地细腻，呈黄褐色的色调，纹理呈若隐若现状，有结疤的地方呈现出铜钱大小的圆晕形花纹，自然美观，香气久久难以散去。

通常情况下，鉴别海南黄花梨主要从下面几个方面入手：

纹理

海南黄花梨木质坚硬，纹理若隐若现，生动多变，有麦穗形状、蟹爪纹；因此，要仔细查看纹理是否清晰、流畅。一般情况下，常见的有一两个小树疙瘩组成的"鬼脸"；有分叉部位组成的"山水线"；另外还有"流水纹"和"虎皮纹"。需要记住的是，不论什么纹路，什么纹理，其中必定是粗中有细，清晰明显。

手感

海南黄花梨的木质坚硬，手感温润，摸上去不会有粗涩的感觉。

海南铜镶黄花梨木雕二龙争珠纹交椅

海南黄花梨镜架官皮箱

海南黄花梨镜台

下篇——黄花梨,木中金者

微型黄花梨小圈椅一对和紫檀条桌一组

颜色

海南黄花梨的芯材和边材色差较大,通常情况下,芯材呈现金黄色、浅黄色、深褐色、红褐色等深浅不一的颜色,并且带有黑褐色条纹;边材则呈灰褐色或浅黄褐色。海南花梨木的木屑浸泡在水中,水面会漂浮着一层油,并闪闪发着幽蓝的光。

气味

海南黄花梨新切面有刺鼻的辛辣味,放置一段时间之后,气味变淡,并且有清淡香味。

鬼脸纹

鬼脸纹是鉴别海南黄花梨的特征之一。海南黄花梨木的结疤处呈现无规则的美丽花纹,人们俗称"鬼脸",也有人称之为"狸斑"。这一点,是别的树种不具备的,因为这是由黄花梨的生态特征决定的。

海南黄花梨卡子花栏杆架格

鉴别海南黄花梨的误区

误区一

海南黄花梨的鬼脸纹是其最重要的特征之一,

海南弦纹黄花梨笔筒

然而却不仅仅只依靠鬼脸纹来判断是否为海南黄花梨。在黄花梨的纵切面上,海南黄花梨的鬼脸纹并不明显。越南黄花梨也有鬼脸纹,但纹理松散,略显呆滞,杂色较多。

除了越南黄花梨外,还有一种叫草花梨木的,也有鬼脸纹。不过草花梨木的鬼脸纹木质粗疏,棕眼较大,纹理十分粗糙,木色由浅黄至黄色,干涩无光泽。和海南黄花梨比起来,品质十分差,很容易区分开来。

需要注意的是,不是所有海南黄花梨都有漂亮的花纹。一些老料、大料的边脚料做出来的物品,要么花纹细浅,要么花纹粗淡,然而价格却很高。

误区二

我们都知道,海南黄花梨有"降香味"。其实,越南黄花梨也有"降香味",不过越南黄花梨的香味刺鼻,带辛辣味道,而海南黄花梨的香气清芳醉人。

不过,不能仅仅只从字面上来理解。海南黄花梨的香味并不持久,新切面暴露在空气中,香味会慢慢淡去。因此,闻不到香味并不代表不是真正的黄花梨。

误区三

海南黄花梨苦修仙人

海南黄花梨炕桌

下篇——黄花梨，木中金者

沉不沉水，不能作为判断海南黄花梨的重要依据。海南黄花梨的气干密度为0.82-0.94克/立方厘米，只有很少一部分料或成品入水即沉，很多都会浮出水面。需要注意的是，分布在不同区域当中的黄花梨的密度也不尽相同，比如生长在海南东部的黄花梨，因生长较快而材质相对稀疏，而西部山区的海南黄花梨，材质细密，大部分可以沉水。因此，海南黄花梨是否可以沉水，并不能作为判断的依据。

海南黄花梨与越南黄花梨的区别

海南黄花梨和越南黄花梨，二者的木材特征十分相似，所以二者的区别要在对木材局部进行刨光之后才可鉴别。总的来说，鉴别海南黄花梨和越南黄花梨，具有一定的难度，需要多接触实物、多摸、多看。鉴别的时候，可以从下面几方面入手：

纹理

相比较而言，海南黄花梨的纹理清晰可见，并且粗细一致，生动活泼。而越南黄花

越南黄花梨葵口笔筒

梨的纹理较粗，并且纹理多数混浊不清，宽窄不一，有些时候还会出现有水浸

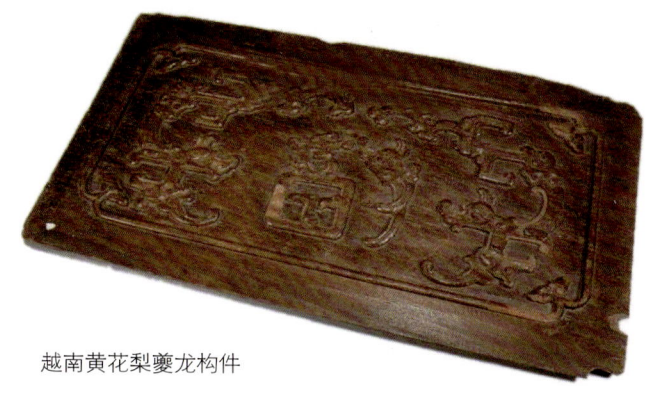

越南黄花梨夔龙构件

过后的痕迹，有的纹理会发生急剧的变化，互相之间毫无关联。

气味

海南黄花梨本身可作为中药，吸入其气味之后有一种沁人心脾的感觉；而越南黄花梨的气味，给人一种略带辛辣，稍有刺鼻的感觉。

鬼脸

相对而言，海南黄花梨的纹理较好，鬼脸也多，而越南黄花梨则相对差一些。相比越南黄花梨来说，海南黄花梨的特点是纹理群的中心为"实"的，差不多都为一个实心的黑点儿，也就是我们常说的"鬼眼"。而越南黄花梨的纹理群中心则是空的，相比较海南黄花梨的纹理来说，具有规律，一圈一圈，但都不到中心点。海南黄花梨的枝节较多，因为生产环境恶劣，因此生长缓慢，导致树木纹理多为扭曲、交错无规律，较容易形成"鬼眼"；而越南黄花梨的生长

海南黄花梨夔龙纹小供案

越南黄花梨六抽搁台

黄花梨玫瑰椅

下篇——黄花梨,木中金者

周期相对较短,纹理大都具有自然规律,很难形成"鬼眼"。

颜色

相比较而言,海南黄花梨的颜色较深,而越南黄花梨的颜色较浅一些。

芯材

因为生长环境的原因,海南黄花梨的树材普遍较小,而越南黄花梨的树材则相对较大。目前,

海南黄花梨脉枕

市场上的海南黄花梨,最大直径只有30多厘米;而越南黄花梨的直径一般都在20-40厘米左右。

手感

海南黄花梨的树材表面十分细腻,手感光滑温润,相对而言,越南黄花梨树材的表面则相对粗糙,手感也没有海南黄花梨的好。

根据相关研究资料表明,海南黄花梨的含油量要远远高于越南黄花梨。要是把锯开的黄花梨和越南黄花梨拿来做比较,就会发现,海南黄花梨的料口会有一层灰黑色的油状物,而越南黄花梨则不会出现这样的情况。

海南黄花梨与其他相似木材的鉴别

海南黄花梨与黑红酸枝类的区别

在这里,我们首先需要明白的一点就是,紫檀属的花梨木类木材都十分轻软,很多都会浮出水面,安达曼紫檀、越柬紫檀、印度紫檀、刺猬紫檀、囊状紫檀、大果紫檀、鸟足紫檀的气干密度为0.53-1.01克/立方厘米;而红酸枝木着多沉于水,赛州黄檀、巴西黄檀、绒毛黄檀、交趾黄檀、奥氏黄檀、中美洲黄檀、微凹黄檀的气干密度为0.90-1.22克/立方厘米;黑酸枝木也大部分沉水,黑黄檀、刀状黑黄檀、

海南黄花梨龙纹梳妆台

海南黄花梨木雕折叠式镜台

海南黄花梨闷户柜

卢氏黑黄檀、阔叶黄檀、巴西黑黄檀、东非黑黄檀、伯里兹黄檀、亚马逊黄檀的气干密度为0.82-1.33克/立方厘米。

其次，木刨花水浸液，花梨木类多有荧光现象，而黑红枝木则无。

还有，就是气味方面，花梨木类木材多有辛辣的芳香气味，而红黑酸枝类的气味则多半是浓郁的酸香气味。

再有，就是花梨木类木材多系散孔材至半散孔材或环孔材倾向明显，而红黑酸枝类则是散孔材，几乎没有半环孔材。

最后需要注意的一点就是它们各自的颜色。花梨类材呈红褐至紫红色，并且成色比较均匀，射线组织同形，无异形射线组织倾向，一般情况下为单列。

草花梨玫瑰椅　　　　　　黄花梨罗汉床

红黑酸枝木类材呈红褐至紫红或黑色，成色也较为均匀，不过常夹杂有深色条纹，射线组织通常同形，异形倾向明显，通常为2列，单列的情况少之又少。

海南黄花梨与草花梨的区别

草花梨的出现，是因为黄花梨木材的断绝，作为补充而在晚清至民国出现于市场的。草花梨属于档次较低的一类硬木，木质粗糙，棕眼大，颜色黄且无光泽。

海南黄花梨与新花梨木的区别

新海南黄花梨多为人工种植，养分充足，不过生产周期依旧很长，木材分量也不比老材黄花梨轻，只是木纹含黑线多，木质生硬。因此，现在市场上抢眼的漂亮的多是新黄花梨木。

海南黄花梨的保值性

海南黄花梨是中国的、东方的，其生长环境艰难，生长周期漫长，花纹旖旎妖娆，材质坚韧不屈，不破不裂，不虫不腐，深得人们喜爱。在2004年秋季艺术品拍卖会上，北京翰海拍卖有限公司的"清初黄花梨雕云龙纹四件柜"拍出了人民币1100万元的天价，创下了国内古典家具拍卖的最高纪录。

因为海南黄花梨的生长周期很长，又很难成材，其材质密实含油量大、韧性高，

且只有它刨出的木花才有丝丝若卷之感。因此，海南黄花梨历来都是制作家具的顶级木料。

因为珍贵和其良好的物理性质，明清以来，海南黄花梨一直都是皇家用材的首选。一时间，王公贵族纷纷效尤不止，使得本来就稀缺的海南黄花梨数百年间被采伐殆尽。现在很难在市场上再看到黄花梨大材制作的家具，就是这一原因。若是有，基本上都是用拆破的老家具拼凑出来的少量现代家具。然而，就是这样，也是极其难得的。因此，一套简单的家具，动辄价格上百万乃至千万。

由于海南黄花梨的稀少，从20世纪前半叶开始，国家就明令禁止采伐，只有小根的木材可以作为药材经营。这样一来，让本来就十分稀有的黄花梨木显得更加珍贵。从20世纪80年代初开始，随着人们的收藏意识、文化意识

黄花梨百宝嵌羲之爱鹅笔筒

黄花梨南冠帽椅

增强，海南黄花梨的价格一路飙升，简直可以说是一发不可收拾。

一件取材老料的海南黄花梨作品，其木材的生长年数少则上百年，多则上千年，又历经战乱、贫困、贼匪、火燎水浸数十或几百年完整保留至今，其价值可想而知。

近十年来，随着中国仿古家具的兴起，用古典家具作为摆设，已经成为一种风尚。大量的仿古家具，更是如雨后春笋般疯长，很多人纷纷前往海南买旧料和小料。这样一来，更是显得原料紧张，导致其不断增值。

下篇——黄花梨,木中金者

黄花梨百宝嵌采菊图诗文笔筒

黄花梨百宝嵌花鸟诗文笔筒

现在,很多商家到南海去采购黄花梨制品,旧门窗料、农具料等都被收购一空。尽管如此,在这些家具厂商的仓库当中,依旧只能看到一些弯曲的小料,真正能够达到胳臂粗的才算是大料。由此可见黄花梨的珍贵。

海南黄花梨已经枯竭,然而却还有越南黄花梨。关于越南黄花梨的

黄花梨南官帽椅

信息,古籍上并没有记载。有一部分越南黄花梨,从外观上看,十分接近海南黄花梨;还有一部分则颜色浅黄,要是使用得当,一样能够做成价值不菲的家具。

海南黄花梨的市场价值

1千克海南黄花梨木头换40克的黄金?乍一听,简直不可思议。然而,世间真有这样的事情发生。2007年,北京某家家具公司就推出了"黄金换木头"的活动。当时,主办方提出的条件是,不论是擀面杖还是瘸腿凳子,只要材质是海南黄花梨,1千克海南黄花梨木就可以兑换40克黄金。

最后的结果完全出乎人们意料,竟然一克黄金也没能兑换出去。这就说明,很多人还是不愿意用 1 千克海南黄花梨木来兑换 40 克的黄金。

这些年,海南黄花梨的价格一路飙升,收购价从 1979 年的每 500 克 4.5 元,到 1992 年前后涨到每 500 克 6 元,2002 年均价涨到每 500 克 10 元,现在攀升到每 500 克约 4000－5000 元的。也就是说,在短短 10 年的时间里,海南黄花梨的价格足足翻了 400 多倍。

最近几年,因为海南黄花梨价格的上涨,直接影响到了以其为原木的一些成品。就以海南黄花梨木做成的三件套皇宫椅为例,2000 年的时候,市场价格约为 45 000－60 000 元;现在,这个三件套的价格达到 130 万－180 万元,足足翻了 30 倍。与海南黄花梨原木价格上涨 400 倍相比,虽然 30 倍的上涨幅度不算高,但这已超过了很多人所能接受的范围。

实际上,早在明清时期,就有一张黄花梨床值白银 12 两的事情,而当时的一个丫环身价还不到 1 两白银。这也就是说,一张海南黄花梨床的

黄花梨嵌石小宝座

黄花梨翘头几

下篇——黄花梨,木中金者

黄花梨曲尺围子罗汉床

价值足足比十余个仆人的身价还高,其贵重可见一斑。

时隔百年,海南黄花梨再次走进人们的视野,备受收藏家们的喜爱;也许,这只是海南黄花梨历史的一个小小轮回,然而可以断定的是,海南黄花梨价格不会下降,只会继续上升。

海南黄花梨家具的肌理花纹如行云流水,不用上漆,只需稍稍打蜡就能达到美丽动人的效果。而且,海南黄花梨的样式简洁、线条明快、返璞归真,能给人足够的想象空间。

总体来说,海南黄花梨家具的美含蓄而不张扬,非常符合中国人的审美标准,更是无数中国人追求的理想境界。

黄花梨人物故事多宝神龛柜

黄花梨如意云纹器座

黄花梨精品欣赏

黄花梨茶壶桶

基本信息

制作年代：清朝
制作材质：黄花梨
规格尺寸：直径22厘米；高26.5厘米
风格特点：典雅

特征说明

黄花梨木纹清晰，色泽温润沉稳，包浆色泽浓郁。

星语鉴赏

整体构造：★★★★★★★
工艺制作：★★★★★★★★
收藏指数：★★★★★★★
投资指数：★★★★★★★

下篇 —— 黄花梨,木中金者

黄花梨提梁小盒

基本信息

制作年代：清朝

制作材质：黄花梨

规格尺寸：16厘米×11.3厘米×18厘米

风格特点：经典

特征说明

提梁小盒以黄花梨木制成，外形扁方，有两扇嵌铜面叶的小门，上有拉环，亦有锁门孔。打开后设有五个抽屉，大小不一，分布有序。盒身下有圈底，连接"门"字形提梁。工艺精美，造型文雅。选料木纹华丽，纹路变化多样，色泽沉稳，包浆光亮。

星语鉴赏

整体构造：★★★★★★★★
工艺制作：★★★★★★★★
收藏指数：★★★★★★★★
投资指数：★★★★★★★★

锡胎嵌黄花梨提梁方壶

基本信息

制作年代：清朝

制作材质：黄花梨

规格尺寸：长 13.5 厘米；高 28.9 厘米

风格特点：古雅

特征说明

此方壶以锡胎而制，平盖塞，上有扁珠钮。方口颈，方壶身，四棱委角，平底下有四足。壶嘴弯折而上，转折有力，壶身上有门牌坊式提梁。提梁甚长，使整器在视觉上瘦挑高立。壶身多处镶嵌黄花梨为装饰，盖面盖钮、口颈四面海堂式开光内、壶嘴、壶身，以及提梁皆是如此。

星语鉴赏

整体构造：★★★★★★★
工艺制作：★★★★★★★
收藏指数：★★★★★★
投资指数：★★★★★★★

黄花梨提梁盒

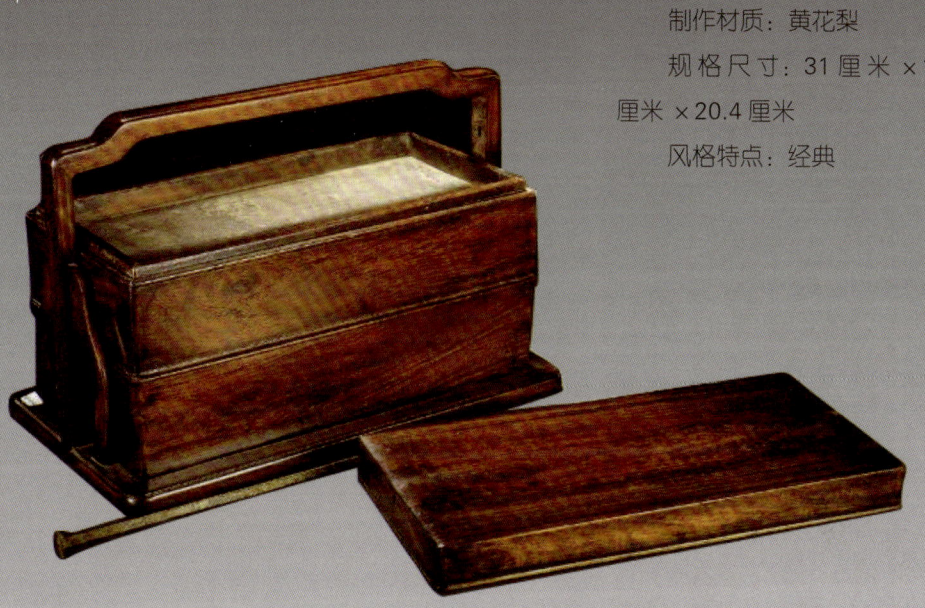

基本信息

制作年代：不详
制作材质：黄花梨
规格尺寸：31厘米×17厘米×20.4厘米
风格特点：经典

特征说明

该盒内外均用黄花梨为材，呈长方形，盒身均由榫卯结构制成，提框边作支架，梁架形作罗锅拱式，并用铜条为锁，盒分双层用于分类摆放。设计考虑周到，品相佳美，形制规整。木纹华丽，色泽沉稳，包浆浑厚。

星语鉴赏

整体构造：★★★★★★★★
工艺制作：★★★★★★★★
收藏指数：★★★★★★
投资指数：★★★★★★★★

黄花梨嵌玉石盒

基本信息

制作年代：不详
制作材质：黄花梨
规格尺寸：高9厘米；宽20厘米
风格特点：典雅

特征说明

此黄花梨嵌玉石盒制作考究，格调典雅古朴。

星语鉴赏

下篇——黄花梨，木中金者

黄花梨书格

基本信息

制作年代：清朝

制作材质：黄花梨

规格尺寸：94.5厘米×41.5厘米×189厘米

风格特点：古典

特征说明

书格分三层，上层为双层阁，中层为两个抽屉，下层为柜子。双层格上三边有围栏，围栏中安涤环板，涤环板上正反面各雕两个寿桃，寓意长寿吉祥。下柜门有铜锁鼻和铜面叶，抽屉上有铜吊牌拉手，柜面和屉面皆光素无纹，柜格下两腿间有壶门式券牙。此书格比例完美，格调清秀，体型适中，可谓文房精品。

星语鉴赏

整体构造：★★★★★★★

工艺制作：★★★★★★★

收藏指数：★★★★★★

投资指数：★★★★★★★

黄花梨画桌

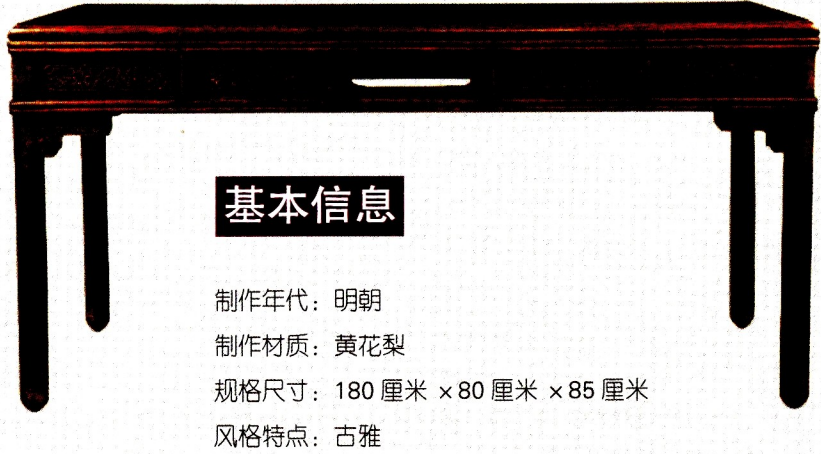

基本信息

制作年代：明朝

制作材质：黄花梨

规格尺寸：180厘米×80厘米×85厘米

风格特点：古雅

星语鉴赏

桌面攒框做，面下四周有帐子，帐子上有矮老嵌涤环板，前后涤环板上刻有花卉纹饰。画桌四腿为圆材，粗硕有力。

整体构造：★★★★★★

工艺制作：★★★★★★

收藏指数：★★★★★★★

投资指数：★★★★★★

下篇——黄花梨,木中金者

黄花梨供桌

基本信息

制作年代：民国
制作材质：黄花梨
规格尺寸：92厘米×46厘米×85厘米
风格特点：古典

特征说明

桌选料考究，冰盘沿攒框镶板，束腰开炮仗洞，牙板浮雕博古文，牙子透雕回纹，桌角雕卷叶纹，折腿攒云，卷叶足落地。霸气十足，实属难得。

星语鉴赏

整体构造：★★★★★★★★
工艺制作：★★★★★★★★
收藏指数：★★★★★★★
投资指数：★★★★★★★★

黄花梨龙纹宝座

基本信息

制作年代：清朝
制作材质：黄花梨
规格尺寸：81厘米×62厘米×106厘米
风格特点：古雅

特征说明

此座刀法精密，圆润浑厚，不露刀锋，龙纹栩栩如生，云纹舒卷生动，堪称精巧华丽的清代家具典范，是为凝聚帝王神思、巧匠妙艺之重宝。宝座为黄花梨材质，包浆厚润，坐面共五屏，靠背三屏扶手两屏浮雕草龙纹，中屏设一搭脑，牙板雕草龙纹，剑腿内翻马蹄。

星语鉴赏

整体构造：★★★★★
工艺制作：★★★★★★★
收藏指数：★★★★★★
投资指数：★★★★★★★

下篇——黄花梨，木中金者

黄花梨束腰雕花条案

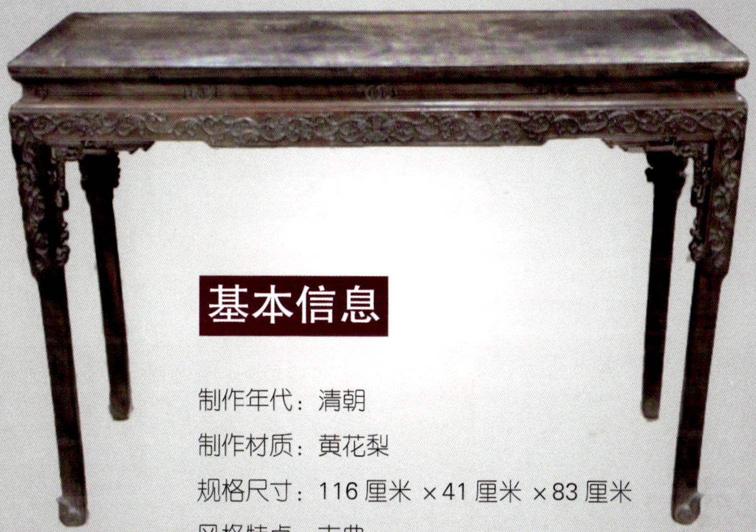

基本信息

制作年代：清朝
制作材质：黄花梨
规格尺寸：116厘米×41厘米×83厘米
风格特点：古典

特征说明

选材精良，用料厚实，保存完整，存世较少，慧眼者可藏之。

星语鉴赏

整体构造：★★★★★★★
工艺制作：★★★★★★★
收藏指数：★★★★★★★★
投资指数：★★★★★★

黄花梨雕玉兰花笔筒

基本信息

制作年代：清朝
制作材质：黄花梨
规格尺寸：高 15 厘米
风格特点：古典

特征说明

笔筒取黄花梨大材整挖而成，外壁通景剔地浮雕玉兰花枝小景，竞相开放，有叶有花，雕工精细，刀法纯熟圆顺。叶面和花瓣处均加以细细地打磨使之呈现下凹，具有立体感，玉兰花清新高洁，常有文人用以自勉。

星语鉴赏

整体构造：★★★★★★★
工艺制作：★★★★★★★★
收藏指数：★★★★★★
投资指数：★★★★★★★

黄花梨根瘤笔筒

基本信息

制作年代：清朝
制作材质：黄花梨
规格尺寸：直径10厘米；高13厘米
风格特点：简约

特征说明

此种笔筒仿照树根瘤所雕制而成，反映了文人崇高自然之美的心态，用黄花梨大料整挖而成，更显珍贵。

星语鉴赏

整体构造：★★★★★★★
工艺制作：★★★★★★★★
收藏指数：★★★★★★
投资指数：★★★★★★★

黄花梨官皮箱

基本信息

制作年代：清朝

制作材质：黄花梨

规格尺寸：33厘米×27厘米×30厘米

风格特点：古典

特征说明

官皮箱是明清时期比较流行的家居实用器，用以盛装贵重物品或者是文房用具。此件官皮箱形制古朴规整，箱子整体为榫卯结构，两侧配铜制提环。箱体正面开双门，箱盖与箱体扣合，箱盖掀开为一个平屉，两扇小门后分别有三具抽屉。门盖结合处饰以如意头面叶，门扣以花篮状吊牌为饰，箱子棱边、四角等处皆由铜件包嵌。整箱以黄花梨为料，色泽华丽多变，包浆莹亮，做工考究精巧，实属难得之书斋摆放佳品。

星语鉴赏

整体构造：★★★★★★★★

工艺制作：★★★★★★★★

收藏指数：★★★★★★★★

投资指数：★★★★★★★★

下篇——黄花梨，木中金者

黄花梨方盒

基本信息

制作年代：清朝
制作材质：黄花梨
规格尺寸：14.1 厘米 × 10.9 厘米 × 6.3 厘米
风格特点：经典

特征说明

其纹理或隐或现，色泽不静不喧。此方盒选用黄花梨而制，整体长方，中部略阔，营造出稳重的视觉感。盖面凸起，形似覆斗，盒盖与盒身以子母口套接，边缘处皆起边。盒身近底处收束，平底内凹，形成圈足。

星语鉴赏

整体构造：★★★★★★★
工艺制作：★★★★★★★
收藏指数：★★★★★★★
投资指数：★★★★★★

——— 紫檀·黄花梨收藏与鉴赏 ———

● 总 策 划
王丙杰　贾振明

● 责任编辑
刘丽刚

● 排版制作
腾飞文化

● 编 委 会（排序不分先后）
玮　珏　苏　易　侯艳梅
张　婷　李东旭　伯　川
夏建军　姜鲁艳　黄少伟

● 责任校对
李新纯

● 版式设计
王虹霞

● 图片提供
夏　亮　王雨桐　赵嘉硕
http://www.nipic.com
http://www.huitu.com
http://www.microfotos.com

珍稀木材